法老、陵墓、眾神，從各面向了解古埃及的文化與歷史

# 古埃及解剖圖鑑

近藤二郎／著
郭欣惠、高詹燦／譯

## 前言

許多人對於古埃及的歷史文化都非常感興趣。無論是在電視或雜誌上，經常都能看到很多專題報導，每年舉辦的埃及特展也有不少人前往參觀，相當受歡迎。

不過很可惜，當我想找一本關於古埃及的概論書籍時，意外地發現完全沒有入門讀本。我認為原因之一是在日本只要說到埃及，就會圍繞在「吉薩大金字塔」、「圖坦卡門」、「克麗奧佩脫拉（埃及豔后）」這3個話題上，因此市面上很少見到概論書籍。我將這3個話題戲稱為「古埃及三大趣事」。就算是電視節目等媒體，也都只輪流播出這三大主題。這些專題報導確實可以引起我們的好奇心，但大多數的觀眾都不清楚古埃及史的歷史脈絡，如吉薩大金字塔的建造時間（西元前2550年左右）比圖坦卡門時代（西元前1330年左右）早1200年，比克麗奧佩脫拉七世自殺那年（西元前30年）還要早2500年等。

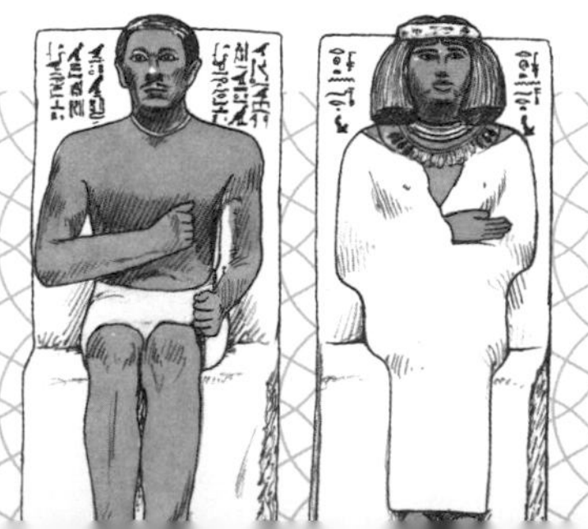

而且，《歷史》的作者希羅多德曾說過「埃及是尼羅河的恩賜」，一般都認為這句話是表示「拜尼羅河所賜，埃及的農業繁榮興盛，比其他地區更發達」，說明尼羅河給予古埃及文明的恩惠。但實際詳讀《歷史》便會發現，希羅多德的這句話只是描述了尼羅河的堆積作用造成尼羅河三角洲的面積增加。「尼羅河的恩賜」這句名言被過度解讀，已經超出原本的意義。我想這可以視為言語自由發展的範例。

本書將帶您解讀古埃及文明，糾正錯誤的觀念，並詳細說明古埃及的法老、陵墓、神廟、眾神及生活等各種領域。如果讀者能夠透過本書認識古埃及的歷史與文化，對筆者而言就是最大的欣慰。

近藤二郎

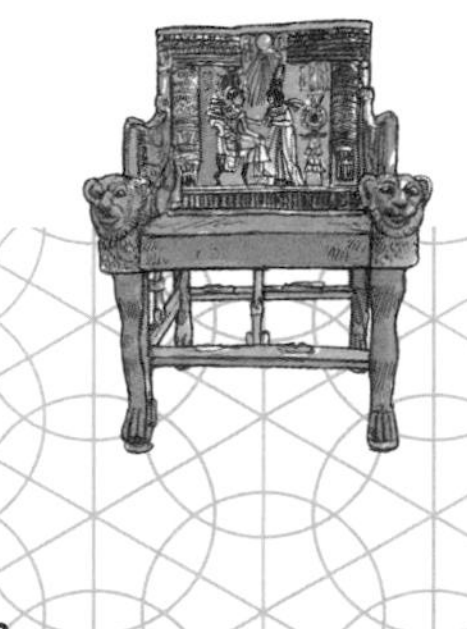

目錄



# 第1章 古埃及主要的歷任法老

## 古埃及的埋葬設施

第3章
# 木乃伊與古埃及的生死觀、多神信仰



第4章
# 徹底分析古埃及神廟

# 第5章 古埃及人的生活



協力編輯：永渕 美加子（3Season）
書籍設計：別府 拓（Q.design）
插圖：角 愼作
協力執筆：高島 直子
圖像處理：茂呂田 剛（M and K）
校稿：夢之本棚社

# 古埃及的領土

## 位於尼羅河沿岸的狹長狀國土

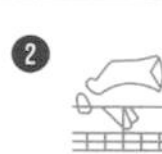

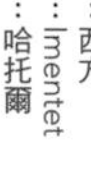

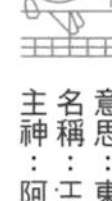

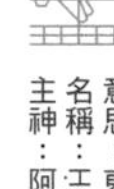
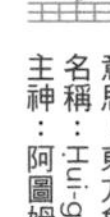
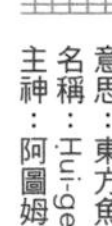
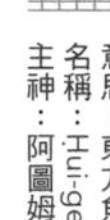
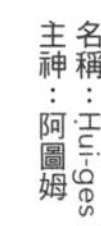

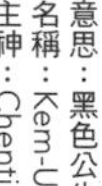
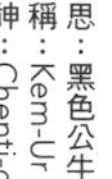

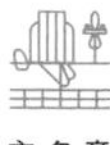

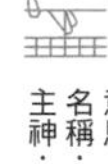
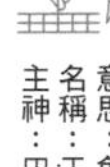
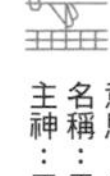
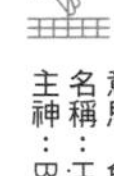
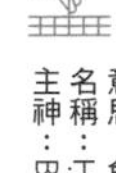
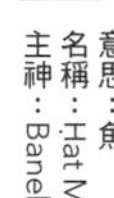

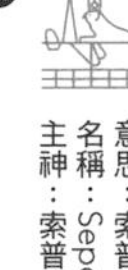
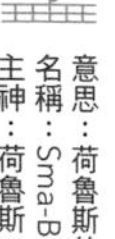
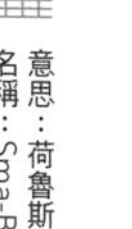
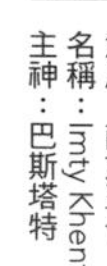
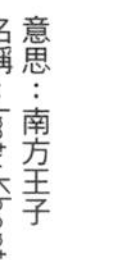
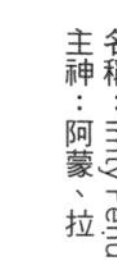

### 上埃及（22個諾姆）

3 意思：祠堂
名稱：Nekhen
主神：奈赫貝特、荷魯斯

4 意思：瓦斯神杖
名稱：Waset
主神：阿蒙、穆特、康斯

5 意思：2隻老鷹
名稱：Netjerui
主神：敏

8 意思：偉大之地
名稱：Ta-Wer
主神：肯塔美士、歐西里斯

9 意思：敏
名稱：Menu
主神：敏

10 意思：眼鏡蛇
名稱：Wadjyt
主神：奈芙蒂斯

13 意思：上面的西克莫無花果與蝮蛇
名稱：Nedjfet Khentet
主神：威普哇威特

14 意思：下面的西克莫無花果與蝮蛇
名稱：Nedjfet Pehtet
主神：哈托爾

15 意思：野兔
名稱：Wenet
主神：托特

18 意思：塞特
名稱：Nemti
主神：Nemti

19 意思：2根瓦斯神杖
名稱：Wabwi
主神：梅傑德

20 意思：南部的西克莫無花果
名稱：N'art Khentet
主神：赫里謝夫

### 下埃及（20個諾姆）

1 意思：白牆
名稱：Inebu-hedj
主神：普塔、賽克邁特、奈夫頓

2 意思：母牛大腿
名稱：Khensu
主神：Khenty-irty

3 意思：西方
名稱：Imentet
主神：哈托爾

4 意思：南方盾牌
名稱：Nit Resu
主神：奈斯

5 意思：北方盾牌
名稱：Nit Mehtet
主神：奈斯

6 意思：山上的公牛
名稱：Khasu'u
主神：拉

7 意思：西方魚叉
名稱：Hui-ges Imenti
主神：托特

8 意思：東方魚叉
名稱：Hui-ges Iabti
主神：阿圖姆

9 意思：安吉提（神）
名稱：Andjeti
主神：歐西里斯

10 意思：黑色公牛
名稱：Kem-Ur
主神：Chenti-cheti

11 意思：Heseb公牛
名稱：Hesbu
主神：賽克邁特、馬赫斯

12 意思：小牛和母牛
名稱：Tjeb-Netjer
主神：Enfour

13 意思：管理繁榮
名稱：Heka-Redj
主神：阿圖姆、拉

14 意思：極東
名稱：Iabti
主神：荷魯斯

15 意思：托特
名稱：Djehuti
主神：托特

16 意思：魚
名稱：Hat Mehit
主神：Banebdjedet

17 意思：荷魯斯的寶座
名稱：Sma-Behut
主神：荷魯斯

18 意思：南方王子
名稱：Imty Khenti
主神：巴斯塔特

19 意思：北方王子
名稱：Imty Pehu
主神：阿蒙、拉

20 意思：索普都（神）
名稱：Sepdju
主神：索普都

古埃及受惠於非洲大陸東北部的尼羅河流域，國家富裕繁榮。該區域可分為北部的尼羅河三角洲與上游的尼羅河谷區兩大部分。古埃及人將北回歸線經過的亞斯文的尼羅河第1瀑布以北視為埃及領域。在古埃及，北部的尼羅河三角洲為下埃及，南部的尼羅河谷為上埃及，法老稱作「兩國之主」。

## 上下埃及與諾姆的分布

上下埃及分成數個行政區（如日本的郡或縣），希臘文稱之為諾姆（Nomos）。上埃及有22個，下埃及有20個諾姆，各有專屬的符號及主神。也有很多諾姆以主神為名。

❶ 意思：努比亞 名稱：Ta-Seti 主神：克努姆、沙提、阿努凱特

❷ 意思：荷魯斯的寶座 名稱：Wetjes-Her 主神：荷魯斯

❻ 意思：鱷魚 名稱：Iqer 主神：哈托爾

❼ 意思：叉鈴 名稱：Bat 主神：哈托爾

⓫ 意思：塞特（神） 名稱：Sha 主神：塞特

⓬ 意思：腹蛇山 名稱：Dju-fet 主神：荷魯斯

⓰ 意思：羚羊 名稱：Ma-Hedj 主神：克努姆、Heget

⓱ 意思：阿努比斯 名稱：Anpu 主神：阿努比斯

㉑ 意思：北部的西克莫無花果 名稱：N'art Pehtet 主神：索貝克

㉒ 意思：刀子 名稱：Mednit 主神：哈托爾

# 古埃及3000年的歷史

| 時代區分 | 王朝 | 首都 | 主要法老 | 年代 | 重要事件 |
|---|---|---|---|---|---|
| 先王朝時代（西元前4500～前3000年左右） | | | | 西元前4500年左右 | 出現法尤姆文化。 |
| | | | | 西元前4000年左右 | 出現拜達里文化。 |
| | | | | 西元前3500年左右 | 出現奈加代文化。 |
| 初期王朝時代（西元前3000～前2680年左右） | 0 | 孟菲斯 | 那爾邁 | | 那爾邁統一上下埃及。 |
| | 1 | | 阿哈 | | |
| | | | 登 | | 自登的時代開始使用上下埃及的名稱。 |
| | | | 阿涅德吉布 | | |
| | | | 瑟莫赫特 | | 瑟莫赫特在西奈半島開採銅礦。 |
| | 2 | | 伯里布森 | | 伯里布森的王銜（王名框）上書著塞特神。 |
| | | | 卡塞凱姆威 | | 荷魯斯神征戰塞特神，之後和解。 |
| 古王國時代（西元前2680～前2145年左右） | 3 | 孟菲斯 | 左塞爾 | 西元前2680年左右 | 左塞爾在薩卡拉建造階梯金字塔。 |
| | | | 塞漢赫特 | | 塞漢赫特打算蓋階梯金字塔，卻沒有完成。 |
| | | | 胡尼 | | |
| | 4 | | 斯尼夫魯 | 西元前2600年左右 | 斯尼夫魯在代赫舒爾興建2座金字塔。從黎巴嫩進口杉木。 |
| | | | 古夫 | 西元前2550年左右 | 古夫在吉薩興建大金字塔。迎來建設巨大金字塔的高峰期。 |
| | | | 雷吉德夫 | | |

## 王朝建立前的埃及

自數十萬年前起，就有人類在尼羅河流域過著狩獵採集的生活。之後，先王朝時代出現了文明，並成為建立王朝的基礎。西元前4500年左右，在尼羅河以北的下埃及出現以農耕或畜牧為主的法尤姆文化。在南方的上埃及，孕育出和法尤姆文化同樣進行農耕畜牧的拜達里文化。拜達里文化後來發展成奈加代文化，更重視農耕畜牧業，出現統治階層形成階級化社會。成為了後來的王朝時代之基礎。

| 時代 | 王朝 | 首都 | 法老 | 年代 | 事件 |
|---|---|---|---|---|---|
| 古王國時代（西元前2680～前2145年左右） | 4 | 孟菲斯 | 卡夫拉 | | 卡夫拉在吉薩興建第2座大金字塔。 |
| | 4 | | 孟考拉 | | 孟考拉在吉薩興建第3座大金字塔。王權勢力轉弱。 |
| | 4 | | 謝普塞斯卡弗 | | 謝普塞斯卡弗在薩卡拉蓋馬斯塔巴型的陵墓。 |
| | 5 | | 烏瑟卡夫 | 西元前2480年左右 | 重視太陽神拉，興建太陽神廟。 |
| | 5 | | 薩胡拉 | | 薩胡拉在阿布西爾（Abusir）蓋金字塔。 |
| | 5 | | 紐塞拉 | | |
| | 5 | | 烏尼斯 | 西元前2340年左右 | 烏尼斯的金字塔上刻有金字塔銘文。 |
| | 6 | | 特提 | | |
| | 6 | | 佩皮一世 | 西元前2300年左右 | 佩皮一世在西奈半島等地採礦。 |
| | 6 | | 佩皮二世 | 西元前2230年左右 | 佩皮二世於6歲登基，在位長達60年。所以到了晚年王權衰弱。 |
| | 7・8 | | | 西元前2200年左右 | 王權勢力衰退，各地豪族興起。國家陷入混亂。 |
| 第一中間時期（西元前2145～2025年左右） | 9・10 | | | 西元前2100年左右 | 第9～10王朝與第11王朝對立。第10王朝和第11王朝戰爭不斷。 |
| 中王國時代（西元前2025～前1794年左右） | 11 | 底比斯 | 曼圖霍特普二世 | 西元前2025年左右 | 曼圖霍特普二世消滅第10王朝，再度統一埃及。 |
| | 11 | | 曼圖霍特普三世 | 西元前1990年左右 | 曼圖霍特普三世派遣遠征隊前往邦特（Punt）。 |
| | 12 | 伊塔威（Itjtawy） | 阿蒙涅姆赫特一世 | 西元前1980年左右 | 阿蒙涅姆赫特發動政變，建立第12王朝。 |
| | 12 | | 辛努塞爾特一世 | 西元前1950年左右 | 辛努塞爾特一世在努比亞興建要塞進行遠征。 |
| | 12 | | 辛努塞爾特三世 | 西元前1860年左右 | 辛努塞爾特三世派兵遠征努比亞與巴勒斯坦。 |
| | 12 | | 阿蒙涅姆赫特三世 | 西元前1830年左右 | 阿蒙涅姆赫特三世開墾法尤姆地區。 |

## 建立中王國時代

古王國時代末期王權衰退，迎來動盪不安的第一中間時期。王權喪失後，各地群雄並起，當中以北方的赫拉克來俄波利斯（Herakleopolis）和南方底比斯的法老勢力最大。赫拉克來俄波利斯的法老建立了第9、10王朝，底比斯的法老建立了第11王朝，呈現南北對立的情勢。最後由底比斯的法老曼圖霍特普二世統一南北方，拉開中王國時期的序幕。

| 時代 | 王朝 | 首都 | 法老 | 年代 | 事件 |
|---|---|---|---|---|---|
| 第二中間時期（西元前1794～前1550年左右） | 13～14 | | 塞伯克侯特普三世 | | 王權衰退，中王國時代結束。西克索人從亞洲地區入侵埃及。 |
| | | | 耐夫侯特普一世 | | |
| | 15～16 | 阿瓦里斯（第15王朝） | 阿波比 | 西元前1650年左右 | 西克索人統治下埃及，建立王朝。 |
| | 17 | 底比斯 | | | 底比斯豪族成立第17王朝。成為西克索人的反對勢力。 |
| | | | 塞格嫩拉陶二世 | 西元前1555年左右 | 塞格嫩拉陶二世對西克索人開戰。其子卡摩斯（Kamose）繼續對戰。 |
| 新王國時代（西元前1550～前1070年左右） | 18 | 底比斯 | 雅赫摩斯 | 西元前1550年左右 | 雅赫摩斯成立第18王朝，將西克索人逐出埃及。 |
| | | | 阿蒙霍特普一世 | | |
| | | | 圖特摩斯一世 | 西元前1500年左右 | 圖特摩斯一世派兵遠征亞洲。首次登上幼發拉底河北岸。 |
| | | | 圖特摩斯二世 | | |
| | | | 哈特謝普蘇特 | 西元前1470年左右 | 哈特謝普蘇特雖然輔佐圖特摩斯三世攝政，之後卻自立為王。她和邦特進行貿易，並在代爾埃爾巴哈里（Deir El-Bahari）修建自己的祭廟。 |
| | | | 圖特摩斯三世 | 西元前1450年左右 | 圖特摩斯三世獨自統治國家，並遠征亞洲，成為領土最大的王朝。 |
| | | | 阿蒙霍特普二世 | | |
| | | | 圖特摩斯四世 | | |
| | | | 阿蒙霍特普三世 | 西元前1370年左右 | 迎來王朝的全盛時期。阿蒙霍特普三世在馬爾卡塔修建行宮。 |
| | | 阿瑪納 | 阿肯那頓 | 西元前1350年左右 | 阿肯那頓果斷地進行宗教改革，尊崇阿頓（Aten）為唯一信仰。將首都從底比斯遷至阿瑪納。 |
| | | 孟菲斯 | 圖坦卡門 | 西元前1330年左右 | 圖坦卡門將阿頓神信仰恢復成阿蒙神信仰。 |
| | | | 阿伊 | | |
| | | | 霍朗赫布 | 西元前1320年左右 | 霍朗赫布即位後廢除阿瑪納時代的規定，鎮壓國內動亂。 |

## 西克索時代

第12王朝成立後，便以東三角洲為對亞洲的據點，在此處建城讓亞洲人的傭兵居住。第13王朝的法老Hotepibre記述自己是亞洲人之子，而且是亞洲傭兵的後代。他自稱是「西克索（外來統治者）」，在埃及統治其他民族。雖然西克索人在統治期間不停地擴張實力，但埃及人依舊成立了第17王朝。最後終於和西克索人開戰，再度將王權奪回埃及人手上。

| 時代 | 王朝 | 都城 | 法老 | 年代 | 事件 |
|---|---|---|---|---|---|
| 新王國時代（西元前1550～前1070年左右） | 19 | 培爾·拉美西斯 | 拉美西斯一世 | 西元前1290年左右 | 將軍拉美西斯即位，成立第19王朝。 |
| | | | 塞提一世 | | 塞提一世修復各地的神廟。並積極派兵遠征敘利亞等地。 |
| | | | 拉美西斯二世 | 西元前1250年左右 | 拉美西斯二世在敘利亞的卡疊石和西臺軍對戰（卡疊石戰役）。之後簽訂和平條約。在各地積極興建神廟。 |
| | | | 麥倫普塔 | 西元前1210年左右 | 麥倫普塔擊退自利比亞入侵的海上民族。 |
| | | | 塞提二世 | | |
| | | | 塔沃斯塔 | | 塞提二世的王后塔沃斯塔登基為女王。 |
| | 20 | | 拉美西斯三世 | 西元前1170年左右 | 拉美西斯三世徹底擊退再度入侵的海上民族。 |
| | | | | 西元前1150年左右 | 拉美西斯三世在位時，德爾麥地那（Deir el-Medina）的工人們發起罷工行動。 |
| | | | 拉美西斯九世 | | 盜墓者橫行。 |
| | | | 拉美西斯十一世 | | 卡奈克神廟的阿蒙神大祭司掌握實權。 |
| 第三中間時期（西元前1069～前664年左右） | 21 | 塔尼斯 | 斯門代斯 | 西元前1070年左右 | 下埃及宰相斯門代斯假借法老名義在塔尼斯建立第21王朝。上埃及則是阿蒙神大祭司掌權。 |
| | | | 普蘇森尼斯一世 | | 在塔尼斯的陵墓發現普蘇森尼斯一世的黃金面具。 |
| | 22 | 布巴斯提斯 | 舍順克一世 | | 布巴斯提斯的利比亞裔法老舍順克一世建立第22王朝。派兵遠征耶路撒冷。 |
| | | | 奧索爾孔二世 | | |
| | 23～24 | | | 西元前810年左右 | 在塔尼斯等各地王朝興起，第23、24王朝順勢成立。與第22王朝暫時共存。 |
| | 25 | 底比斯 | 皮耶 | 西元前750年左右 | 庫施（Kush）法老皮耶建立第25王朝。與第23、24王朝並立。 |
| | | | 沙巴卡 | 西元前700年左右 | 沙巴卡推翻第24王朝統一埃及。 |
| | | | 塔哈爾卡 | 西元前667年 | 塔哈爾卡在位時期，亞述人占領並統治埃及。 |

## 新王國時代晚期

拉美西斯三世之後雖有拉美西斯四～十一世繼任，但由於埃及境內的利比亞人叛亂等事件，王權逐漸式微。到了新王國時代最後一任法老拉美西斯十一世時，權勢喪失殆盡。這時阿蒙神大祭司赫里霍爾逐漸掌握實權，他以底比斯為中心自立為王統治上埃及。另外下埃及由北方宰相斯門代斯成立第21王朝控制。兩者雖然不是敵對關係，但埃及在之後的第三中間時期持續分裂。

| 時代 | 王朝 | 首都 | 法老 | 年代 | 事件 |
|---|---|---|---|---|---|
| 末期王朝時代（西元前664～前332年左右） | 26 | 塞易斯 | 普薩美提克一世 | 西元前664年 | 普薩美提克一世驅逐亞述人，建立第26王朝。 |
| | | | 尼科二世 | | |
| | 27 | | 岡比西斯二世 | 西元前525年 | 阿契美尼德王朝的波斯王岡比西斯二世統治埃及。 |
| | | | 大流士一世 | 西元前520年左右 | 大流士一世完成連接紅海和尼羅河的運河。 |
| | | | 薛西斯 | | |
| | | | 阿爾塔薛西斯 | | |
| | | | | 西元前430年 | 希臘歷史學者希羅多德完成《歷史》著作。 |
| | 28～29 | | 阿米爾塔尼烏斯 | 西元前405年 | 阿米爾塔尼烏斯從波斯獨立，建立第28王朝。 |
| | | | 哈科爾 | 西元前393年 | 哈科爾聯合希臘人抵抗波斯人入侵。 |
| | 30 | | 內克塔內布一世 | 西元前380年 | 內克塔內布一世建立第30王朝。 |
| | | | 內克塔內布二世 | 西元前350年 | 內克塔內布二世擊退波斯軍隊阻止他們入侵。 |
| | 31 | | 阿爾塔薛西斯三世 | 西元前343年 | 波斯法老阿爾塔薛西斯三世征服埃及，並建國統治（第31王朝）。 |
| 馬其頓時代（西元前332～前304年左右） | | | 亞歷山大大帝 | 西元前332年 | 馬其頓王國的亞歷山大大帝征服埃及。 |
| | | | | 西元前323年 | 亞歷山大大帝在巴比倫病逝。 |
| 托勒密王朝（西元前304～前30年左右） | | 亞歷山卓 | 托勒密一世 | 西元前304年 | 亞歷山大大帝死後，托勒密將軍即位為托勒密一世。開啟托勒密王朝時期。 |
| | | | | 西元前280年左右 | 祭司曼涅托完成《埃及史》一書。 |
| | | | 托勒密五世 | | |
| | | | 克麗奧佩脫拉七世 | 西元前30年 | 克麗奧佩脫拉自殺，托勒密王朝滅亡。埃及成為羅馬屬地。 |

## 末期王朝的開端

普薩美提克一世擊退在第三中間時期末年入侵的亞述人，開啟末期王朝時代的序幕。雖然建立了第26王朝，卻受到波斯人侵略而瓦解，成為波斯屬地。即使在第28王朝脫離波斯統治並獨立，卻在第31王朝時期再度受到波斯人管轄。不過，波斯人統治的期間並不長，因希臘人亞歷山大大帝入侵，埃及脫離波斯人的管轄。克麗奧佩脫拉七世在位時與羅馬軍對峙最終戰敗。結束古埃及王朝時代。

# 第1章

# 古埃及主要的歷任法老

# 法老是？

## 現世的宇宙秩序（Maat）執行者

法老在古埃及文是「好大的家」，也就是「王宮」的意思。於第19王朝時期成為國王的代名詞。在古埃及，法老以一人之力統一南北埃及建立王國。於是法老被稱作「善神（Netjer. Nefer）」，是在凡間生活的神明。Maat這個字具有宇宙秩序、天理、法律、氣度、正義等涵義。執政者法老必須在現實的社會中，代替神明遵守並執行神明制定的宇宙秩序Maat。法老是萬能天神的代理人，負責在人間推廣Maat的理念。

直到西元前4世紀，亞歷山大大帝自波斯人手中解放埃及，第31王朝滅亡為止，埃及共有超過200位法老。

刻著從首任法老美尼斯到塞提一世共76位法老的名字。

省略第18王朝的知名法老哈特謝普蘇特、阿肯那頓、圖坦卡門等人。

### 法老的5個王銜

王銜是象徵法老權威的稱謂。一開始統一埃及成立王朝時只有荷魯斯名，但中王國時代以後正式確立為5個王銜。

**荷魯斯名**

表示法老是荷魯斯神的化身。寫在代表宮殿門面的塞拉赫（王名框）中。

**兩女神名**（Nebty名）

表示法老受到上埃及奈赫貝特女神和下埃及瓦吉特女神的保護。

**黃金荷魯斯名**

黃金上的荷魯斯。一般認為是王權永續的象徵，但詳情不明。

**登基名**（上下埃及王名）

為上埃及的象徵莎草和下埃及的象徵蜜蜂之標誌，寫在象形繭（P157）上。

**出生名**（太陽神之子名）

太陽神拉之子的名字。直接使用出生時的命名。

## 記載歷代法老名字的阿拜多斯王名表

在第19王朝塞提一世的祭廟中，刻有歷代法老的王銜。在法老呼喚先王的場景中，可得知記於此處的是當時認可的正統法老。

首任法老美尼斯。

塞提一世呼喚先王。

塞提一世的兒子拉美西斯二世。

第3行重複寫著塞提一世的出生名和登基名，強調王位的正統性。

## 主要的法老王冠

法老的王冠有好幾種，紅冠是下埃及的王冠、白冠是上埃及的王冠、兩者組合成的雙冠是上下埃及法老的王冠。一般認為藍冠是法老在戰爭時戴的頭盔。

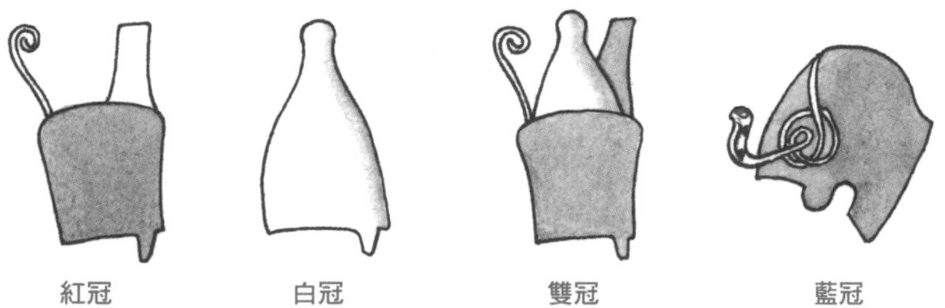

紅冠　白冠　雙冠　藍冠

# 那爾邁

## 那爾邁是美尼斯？

法老手上高舉的棍棒也是法老的象徵。

畫在「那爾邁調色板」上的那爾邁王。

DATA

| | |
|---|---|
| 荷魯斯名 | 那爾邁 |
| 在位期間 | 西元前3000年左右 |
| 墓地 | 阿拜多斯 |
| 聖書體 | |

那爾邁

西元前3000年左右，上下埃及統一，埃及文明的歷史揭開序幕。第一位完成統一的法老是誰呢？在祭司曼涅托的《埃及史》（西元前3世紀初）中，記述第1王朝的首位法老是美尼斯（Menes）（希羅多德在《歷史》中稱之為「米恩（Min）」）。從阿拜多斯王名表及都靈紙莎草王名表上記載的是「美尼（Meni）」之名來看，可得知古埃及人的第一位法老是美尼（希臘語中的美尼斯）。

關於美尼斯有兩方有力的說法，一說認為是那爾邁，一說認為是阿哈。19世紀時發現了「那爾邁調色板」，普遍認為美尼斯就是那爾邁。但在20世紀初出土的象牙牌上，刻有荷魯斯名的「阿哈」和兩女神名「Men（美尼）」，便有人提出傳說中的美尼斯不是那爾邁，而是阿哈的論說。之前那爾邁是美尼斯的說法較有力，但近年愈來愈多人認為第1王朝的首位法老是阿哈，那爾邁是第1王朝前的第0王朝末代君王。「Men」在古埃及語中有「確立」之意，也有人認為第二任法老阿哈奠定了王國的基礎故得此名。

希羅多德：古希臘的歷史學家。

## 紀念征服北部的「那爾邁調色板」

1898年在希拉孔波利斯發現了奉獻用的調色板（化妝板）。調色板是研磨眼影顏料孔雀石或方鉛礦的石板，但這塊石板高64cm，因此應該不是實際拿來用，而是供奉給法老神廟的祭祀用品。

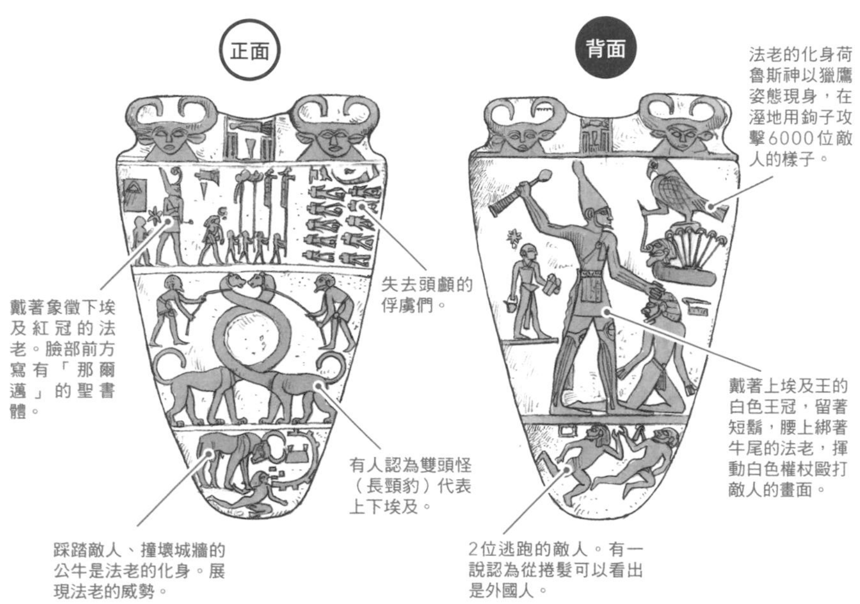

正面
背面
法老的化身荷魯斯神以獵鷹姿態現身，在溼地用鉤子攻擊6000位敵人的樣子。
戴著象徵下埃及紅冠的法老。臉部前方寫有「那爾邁」的聖書體。
失去頭顱的俘虜們。
戴著上埃及王的白色王冠，留著短鬍，腰上綁著牛尾的法老，揮動白色權杖毆打敵人的畫面。
有人認為雙頭怪（長頸豹）代表上下埃及。
踩踏敵人、撞壞城牆的公牛是法老的化身。展現法老的威勢。
2位逃跑的敵人。有一說認為從捲髮可以看出是外國人。

## 留在王名表上的美尼之名

包含塞提一世的阿拜多斯王名表（P17）在內，在各地的王名表或王名表莎草紙上都出現「美尼」之名。由此可知古埃及人認為第一位法老是美尼（美尼斯）。

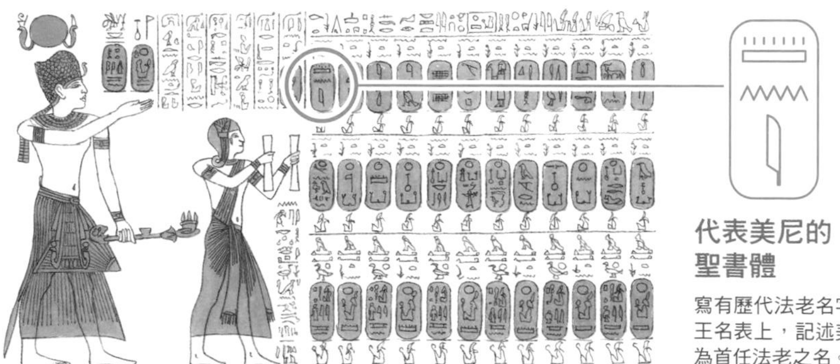

**代表美尼的聖書體**

寫有歷代法老名字的王名表上，記述美尼為首任法老之名。

古王國時代

第3王朝

# 尼特傑里赫特（左塞爾）

## 最早建造金字塔的法老

雖然眼睛部分曾鑲嵌（鑲上素材的精工手法）水晶和黑曜石，卻被拔走了。

假髮上戴著前端尖細的特殊頭巾。

這一座雕像出土於階梯金字塔，是現存最古老真人大小的法老雕像。

DATA

| 荷魯斯名 | 尼特傑里赫特 |
|---|---|
| 上下埃及王名 | 尼特傑里赫特 |
| 在位期間 | 西元前2665～前2645年左右 |
| 墓地 | 薩卡拉 |
| 聖書體 | |

尼特傑里赫特

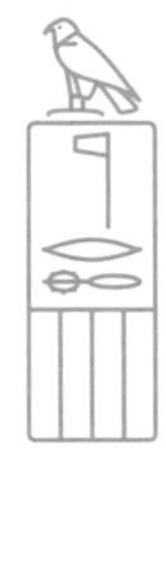

**初**期王朝時代的第2王朝後半期出場的法老伯里布森，他的王名框上刻著的是塞特神，而不是荷魯斯神。之後，法老卡塞凱姆威的王名框上則出現了荷魯斯和塞特兩神並列的情況。由此可以看出荷魯斯神的敵對勢力塞特神的信徒，與荷魯斯神的信徒曾經短暫對立過，但最終取得了和解。卡塞凱姆威是第2王朝的末代法老，他的皇子之一，是以左塞爾（神聖之意）之名為人所知的第3王朝第二位法老尼特傑里赫特。尼特傑里赫特在阿拜多斯以北的貝特哈拉夫（Beit Khalaf）興建了長85m、寬45m、高8m的馬斯塔巴型日曬土磚陵寢。之後在薩卡拉建的「階梯金字塔」是埃及最早的金字塔，也是最古老的巨大石造建築。

當初這座階梯金字塔是一座高8m的馬斯塔巴墓。之後改變設計，蓋成高63m的6層階梯金字塔。有人認為這是從首都孟菲斯遠眺可及的高度，有強化法老威權的用意。此外階梯金字塔是面向北方的巨大建築物，具有向北方拱極星祈求法老永生的意義。

## 在賽德節（王位更新節）的儀式中 奔跑的左塞爾浮雕

位於階梯金字塔複合建築內的地下通道假門上的浮雕。賽德節是法老登基滿30年時舉辦的王位更新節（第二次以後每3年舉辦一次），會在眾神和子民面前舉辦彰顯法老返老還童與重生的儀式。

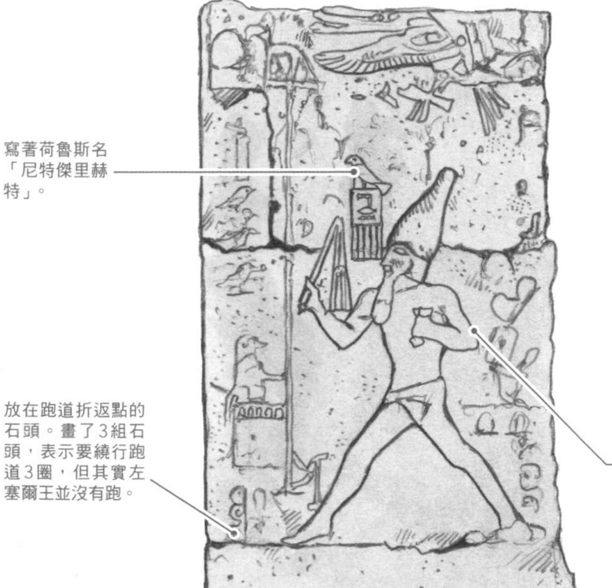


## 寫著「尼特傑里赫特」而不是「左塞爾」

「左塞爾」有「神聖」之意，是法老過世千年之後使用的王銜。荷魯斯名「尼特傑里赫特」也用在上下埃及王名、兩女神名和黃金荷魯斯名。

## 興建金字塔的功臣 宰相印何闐

負責建造階梯金字塔的宰相。在末期王朝時代被神格化，和醫神阿斯克勒庇俄斯地位相當。

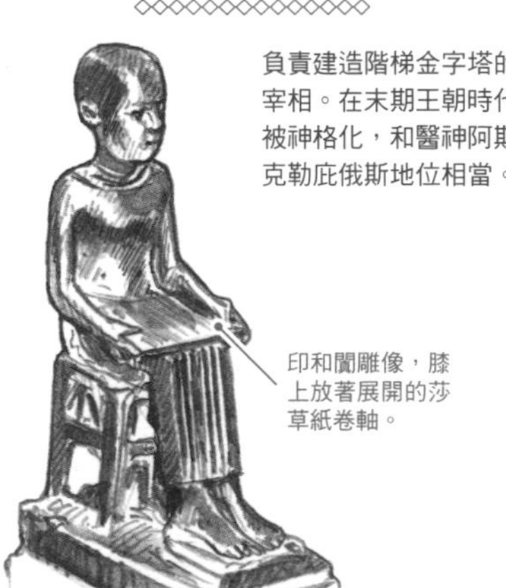

印和闐雕像，膝上放著展開的莎草紙卷軸。

# 斯尼夫魯

## 挑戰真正的金字塔

DATA

| 荷魯斯名 | Neb-maat |
| --- | --- |
| 上下埃及王名 | 斯尼夫魯 |
| 在位期間 | 西元前2614～前2579年左右 |
| 墓地 | 代赫舒爾 |
| 聖書體 | |

斯尼夫魯

戴著象徵上下埃及的雙冠。
法老手上拿的連枷是王權的象徵。

斯尼夫魯畫像，畫於彎曲金字塔之附屬金字塔出土的石碑上。

第4王朝的首位法老斯尼夫魯在大金字塔的建設上扮演著重要的角色。他和第3王朝的法老胡尼之女海特菲莉斯一世結婚，鞏固王權。斯尼夫魯在統治的24年間，建造了「美杜姆金字塔（又稱崩塌金字塔）」、「彎曲金字塔」、「紅金字塔」3座巨大金字塔。原本認為位於美杜姆的「美杜姆金字塔」，是從胡尼時期開始興建，由斯尼夫魯接手後完工，成為真正的金字塔，但從最近的研究中發現「美杜姆金字塔」從一開始就是斯尼夫魯蓋的。之後，斯尼夫魯在代赫舒爾相繼建了「彎曲金字塔」與「紅金字塔」2座巨大的金字塔。

為什麼斯尼夫魯要興建截面為等腰三角形的四角錐狀「真正的金字塔」呢？其實和太陽神信仰有關，真正的金字塔刻意做成陽光灑落的造型。另外，他的兒子拉霍特普王子擁有太陽神的主要信仰中心赫里奧波里斯的大祭司名號，由此可看出皇室和太陽神信仰的關係密切。

## 從階梯金字塔到真正的金字塔

斯尼夫魯在任內的24年間，興建了3座巨大的金字塔，分別是位於美杜姆的「美杜姆金字塔」，和位於代赫舒爾的「彎曲金字塔」、「紅金字塔」。

**美杜姆金字塔**
目前表面的石灰石脫落，呈現崩壞狀態，但仍可看出當時的壯麗樣貌。

**彎曲金字塔**
由石材堆積而成的金字塔，因為坡度太陡，負荷過重，4個角落開始坍塌。

**紅金字塔**
因為使用紅色的石灰石塊，故稱「紅金字塔」。

## 官僚或貴族的墓室也有豪華內裝及雕像

斯尼夫魯在位的第4王朝時代，國家政權落在法老和皇室等一部分人手中，宰相等職位由皇室成員獨占。在法老的金字塔周邊，也蓋了這些貴族的大型馬斯塔巴墓。墓地內有壁畫等裝飾或亡者的雕像。

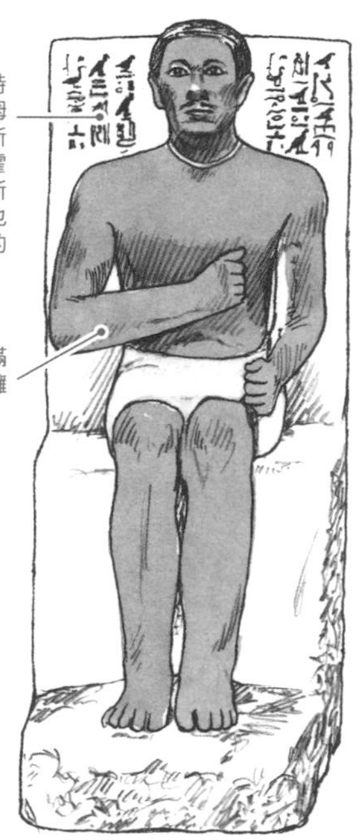

1871年，奧古斯特馬里埃特在美杜姆金字塔北邊的馬斯塔巴墓發現了拉霍特普雕像。他是斯尼夫魯的兒子，也是赫里奧波里斯的拉神大祭司。

拉霍特普意為「滿足太陽神拉」。擁有深褐色的肌膚。

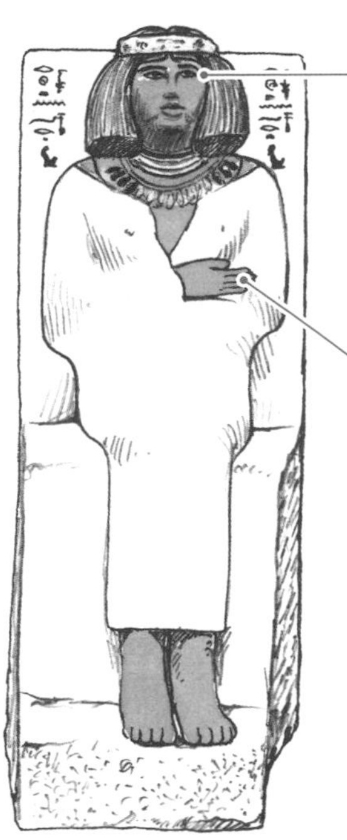

妻子諾弗雷穿著白色的禮服和假髮，戴著蝴蝶設計的髮帶。

諾弗雷的意思是美麗的女性，雕像膚色雪白。為開羅埃及博物館的館藏品。

# 古夫

## 興建埃及最大的金字塔

DATA

| 荷魯斯名 | 梅傑德 |
|---|---|
| 上下埃及王名 | 古夫 |
| 在位期間 | 西元前2579～前2556年左右 |
| 墓地 | 吉薩 |
| 聖書體 | |

古夫

手持連枷。

僅7.5㎝高的古夫象牙雕像。在距離吉薩遙遠的阿拜多斯出土，可能為後人製作。雖然是知名的法老王，現存的雕像卻非常稀少。

寶座旁隱約可辨認出古夫的荷魯斯名。

斯尼夫魯開創的第4王朝，是陸續有大型金字塔完工的時代，而金字塔的規模與王權的強弱有關，這個理論未必正確。第4王朝前半期是大型金字塔必須存在的時代。斯尼夫魯、古夫、卡夫拉時代的金字塔，是藉由凡間之神法老領導人民興建巨大金字塔，來彰顯太陽神的偉大與法老的權威，是一座紀念性質的建築物。參與的國民也抱持著勞動奉獻的心，為了展現對太陽神的崇拜之意，揮舞汗水開心地進行堆疊巨石的工作。完工之後的雄偉金字塔閃閃發亮，是太陽神和法老降臨凡間的實體。

1987年透過早稻田大學的調查，確認埋在大金字塔南側的第1太陽船西側，是第2太陽船的船坑。目前還在NPO法人太陽船復原研究所內進行船坑內部的船隻零件回收、保存修復作業，古夫和日本的研究人員有著很深的淵源。雖然古夫是著名的法老王，但至今卻未挖出當時的雕像。雖說後世刻了好幾座雕像，但相較於保有完整雕像的卡夫拉或孟考拉，古夫仍是充滿謎題的法老。

## 吉薩三大金字塔

吉薩的三大金字塔。中間的卡夫拉第二金字塔看起來比較大，除了建在高地上外，也是現存最高（141m）的金字塔。

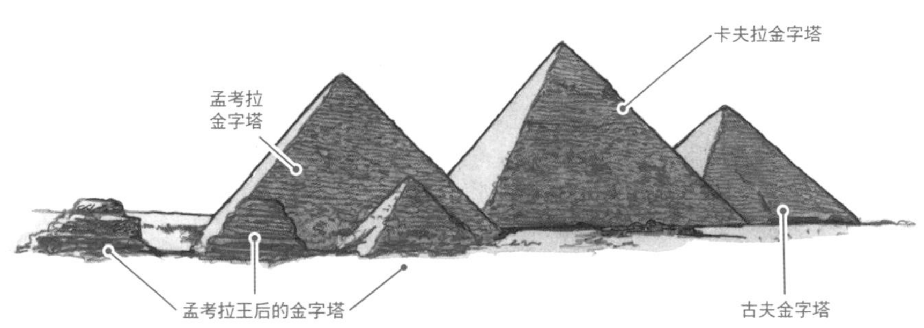


## 建構金字塔時代的第4王朝族譜

第4王朝的第一任法老斯尼夫魯，和第3王朝胡尼法老的女兒海特菲莉斯一世結婚，藉此鞏固王權。斯尼夫魯的兒子古夫繼位後，在吉薩高地興建大金字塔。古夫、卡夫拉、孟考拉3位法老王建造了三大金字塔。

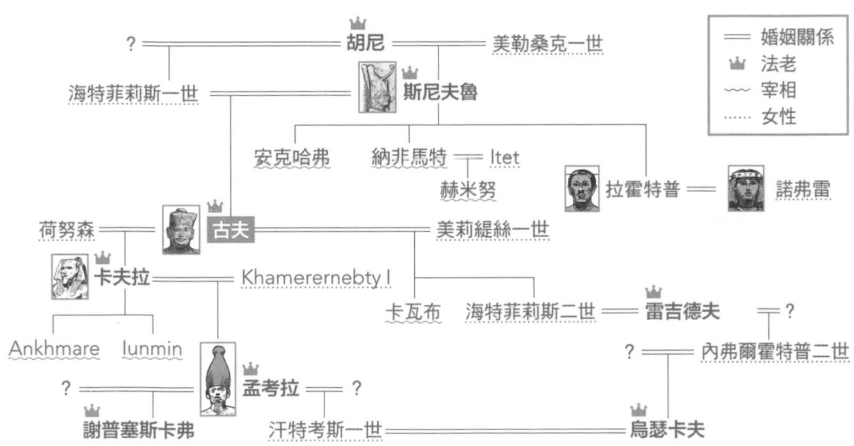


## 最早的莎草紙上寫著古夫之名

2013年，法國學者Pierre Tallet在紅海的Wadi al-Jarf發現上千片莎草紙碎片，寫著第4王朝的古夫在位時期的生活記事，是現存最古老的埃及莎草紙文獻之一。記錄名為Merer的官員為古夫的大金字塔工程調配物資等內容。

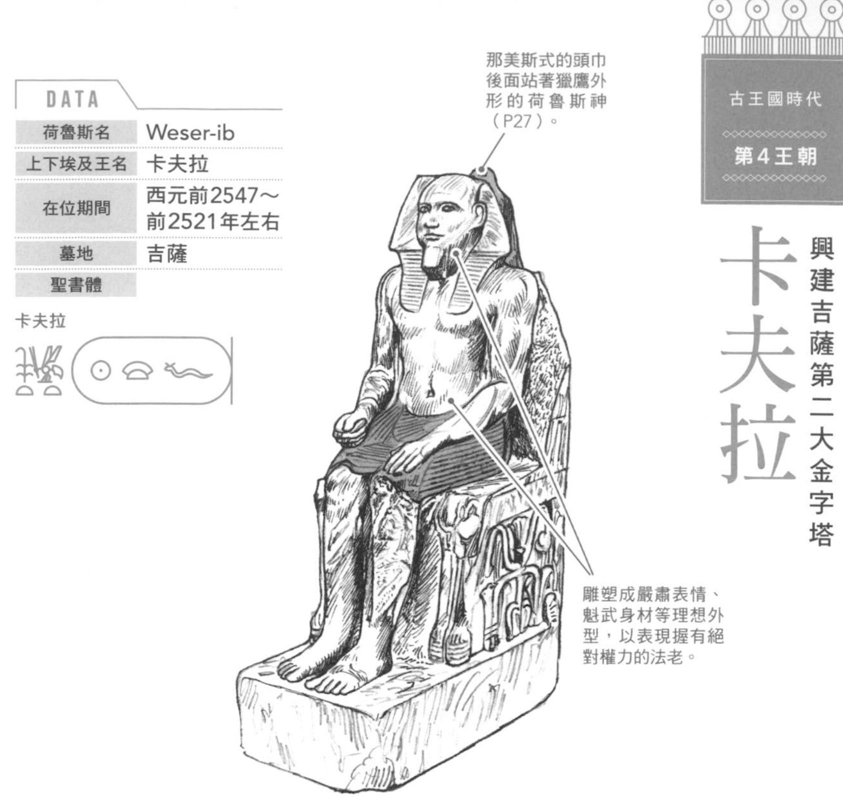


卡夫拉是金字塔時代巔峰期的統治者。古夫的繼任者雷吉德夫曾參與古夫的埋葬事宜，他的金字塔不知為何沒有建在吉薩，而是位於北邊的阿布拉瓦什，但卡夫拉又再次回到吉薩興建第二金字塔。該金字塔的規模媲美古夫的大金字塔，與斯尼夫魯、古夫一樣，卡夫拉也是建設了巨大金字塔的法老王。第二金字塔的河岸神廟貼著大片的花崗岩，相當漂亮，從大廳的地板痕跡判斷，之前設立過23座法老雕像，但現在僅發現閃長岩、花崗岩、石灰岩、雪花石膏等6座材質不同的法老雕像。著名的閃長岩製卡夫拉雕像，是1860年在奧古斯特瑪麗特的調查下出土。從雕像可看出是產自埃及南部努比亞的石材，證明當時曾到遠方開採石材。閃長岩在當時沒有鐵製工具的情況下，是難以加工的硬質石材。

河岸神廟附近的大人面獅身像，是古埃及最大、最古老的人面獅身像，因為雕像面朝太陽升起的東方，一直以來都將其視為太陽神Horemakhet（Khepri、拉、阿圖姆神）。

## 以荷魯斯的守護姿態強調神聖王權

放置在卡夫拉河岸神廟大廳內的23座法老雕像之一。是奧古斯特瑪麗特於1860年發現的。雕像由堅硬的閃長岩刻成，由此可看出在沒有鐵製工具的時代，工匠精湛的石雕技術。雕像呈現了法老威風凜凜的崇高姿態。收藏於開羅的埃及博物館。

以鷹首人身出現的荷魯斯神。

代表荷魯斯神、張開翅膀的獵鷹守護在法老頭部後方。以法老的化身荷魯斯神來表現法老本身，完美地呈現出了法老的威勢。卡夫拉雕像有好幾種不同造型，荷魯斯守護法老的姿態也各異。

## 身為太陽神的大人面獅身像

高20m、全長73.5m的大人面獅身像，是用金字塔採石場的小岩山雕刻成的。被視為太陽神Horemakhet、Khepri、拉、阿圖姆，兩條前腳間有第18王朝圖特摩斯四世的「記夢碑文」。

大人面獅身像的臉部表情和卡夫拉不太一樣。也有人認為其存在於第二金字塔之前。

目前頭部附近嚴重劣化。原本有的鬍子留存於大英博物館，埃及已要求歸還。

古王國時代

第4王朝

# 孟考拉

## 最後一位興建三大金字塔的法老

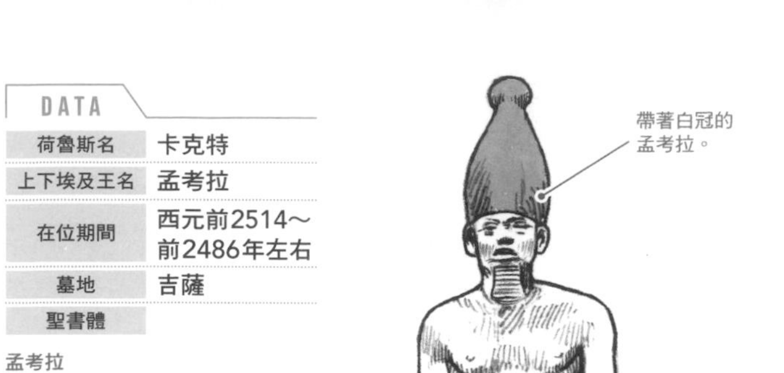

DATA

|  |  |
|---|---|
| 荷魯斯名 | 卡克特 |
| 上下埃及王名 | 孟考拉 |
| 在位期間 | 西元前2514～前2486年左右 |
| 墓地 | 吉薩 |
| 聖書體 | |

孟考拉

帶著白冠的孟考拉。

在孟考拉的祭廟內發現3座雕像，此為中間的法老雕像。原本法老的右邊站著哈托爾女神，左邊是諾姆主神。

吉薩的三大金字塔中，孟考拉建造了最後的第3座金字塔。規模和大金字塔、第二金字塔相比，體積只有它們的十分之一左右。第三金字塔雖然規模較小，但因為這座金字塔的完工，讓3座金字塔的東南角分別位於同一條直線上，往東北方向延伸便會指向赫里奧波里斯。也就是完成了象徵太陽神信仰的紀念建築物三大金字塔的配置。

美國哈佛波士頓聯合調查隊在第三金字塔的祭廟中發現了孟考拉的雕像。包含法老、哈托爾女神和諾姆主神這3座，共有8座雕像出土，4座收藏於開羅的埃及博物館，其餘4座解體收藏於波士頓美術館。與莊嚴的卡夫拉雕像相比，可以看出身為神王的權力逐漸轉弱。

從孟考拉的金字塔內部發現了寫有王銜的木棺。目前收藏於大英博物館，這具木棺是在法老死後經過2000年的第26王朝時代為孟考拉打造的。

## 規模較小的孟考拉金字塔

金字塔的歷史始於左塞爾的階梯金字塔，在第4王朝前半段陸續有巨大的金字塔完工，但孟考拉的第三金字塔規模變得非常小。

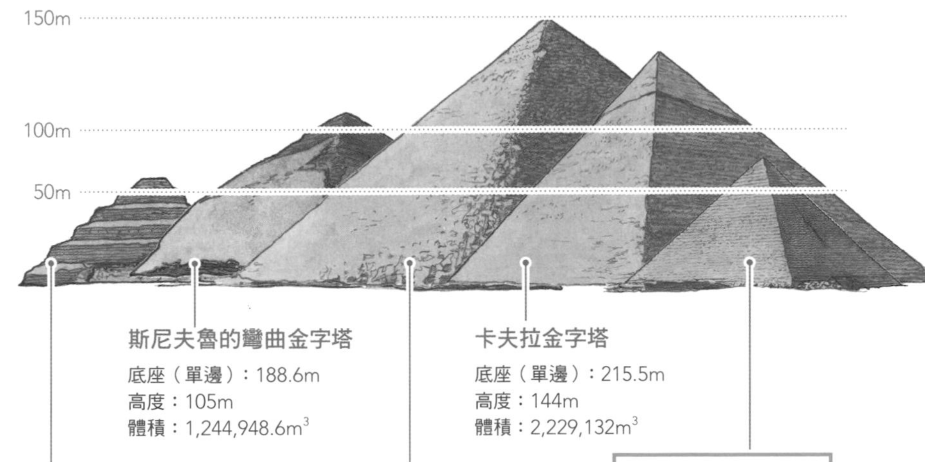


## 法老雕像的呈現手法不同

雖然有數座孟考拉的個人雕像出土，但都不像卡夫拉的雕像般充滿威嚴。反而如右圖般和王后或神並肩而立，顯得更加有人情味。

**卡夫拉雕像**

象徵強大王權的神王雕像。卡夫拉雕像凝視前方的凜然樣貌，呈現出法老王孤獨又崇高的姿態。

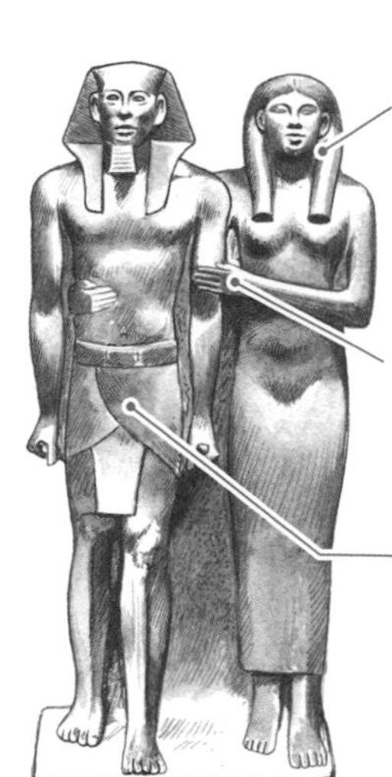

孟考拉的王后卡蒙若内比提二世。
王后把左手放在法老的左手上，右手環抱著法老的身體，看得出夫妻感情和睦。
法老和王后的雙人雕像。雕像未經拋光，底座的碑文也尚未完成。這是在法老祭廟中發現的雕像。雖然未完工，但也呈現出法老的理想體態與臉部表情。

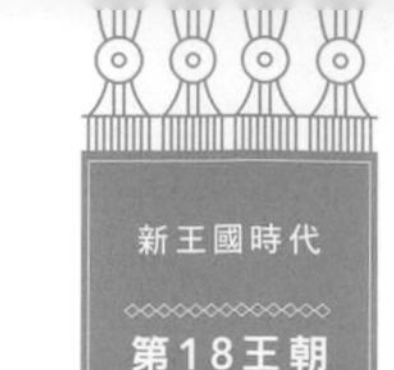

新王國時代

第18王朝

# 哈特謝普蘇特

## 奠定第18王朝興盛的基礎

DATA

| 荷魯斯名 | 威斯烈特考 |
| --- | --- |
| 登基名 | Maatkare |
| 出生名 | 哈特謝普蘇特 |
| 在位期間 | 西元前1479～前1458年左右 |
| 墓地 | 帝王谷KV20 |
| 聖書體 | |

Maatkare

哈特謝普蘇特

臉部的表情柔和，身體的表現上較強調女性特徵的部分。

這座雕像出土自哈特謝普蘇特祭廟的採石場。據說是在圖特摩斯三世時代被丟棄於採石場。

古王國（第3～8王朝）滅亡後，經過第一中間時期，在西元前2020年左右，第11王朝的曼圖霍特普二世再度統一埃及，定都於底比斯，開啟中王國時代。西元前1800年左右王權急速衰退，最後一任法老是塞貝克涅弗魯女王，第12王朝滅亡。接著第二中間時期進入亞洲統治者的「西克索（外來統治者之意）」時代。第18王朝時代驅逐了西克索人，開始派兵遠征敘利亞、巴基斯坦。圖特摩斯二世過世後，圖特摩斯三世（P36）幼年即位，由圖特摩斯二世的王后哈特謝普蘇特輔佐並掌握實權。

第18王朝終結了和西克索人的戰爭時代，是古埃及數一數二的興盛時期，為此奠定基礎的是哈特謝普蘇特。她以女王之姿全力改革內政，採用「雙宰相制度」在南北部各設一位宰相，並盛大舉行奧佩特節和美麗山谷盛宴。另外，女王也推動了多項事業，如在代爾埃爾巴哈里興建壯觀的祭廟、建造帝王谷的陵墓、在卡奈克阿蒙神廟設立巨大的方尖碑，還遠征邦特等。她整頓了政治體系，為之後的繁榮打下基礎。

## 和圖特摩斯三世共同執政

第18王朝的法老姓名，以阿蒙霍特普和圖特摩斯兩者為主。阿蒙取自底比斯的守護神阿蒙神，圖特取自月亮之神托特神。底比斯在第18王朝時期盛行月亮信仰，因為有4位法老以圖特摩斯為名，加上第18王朝足以和第19、20王朝（拉美西斯王朝）抗衡，所以又稱圖特摩斯王朝。哈特謝普蘇特是圖特摩斯一世和王后雅赫摩斯的女兒，是圖特摩斯二世的正妃。

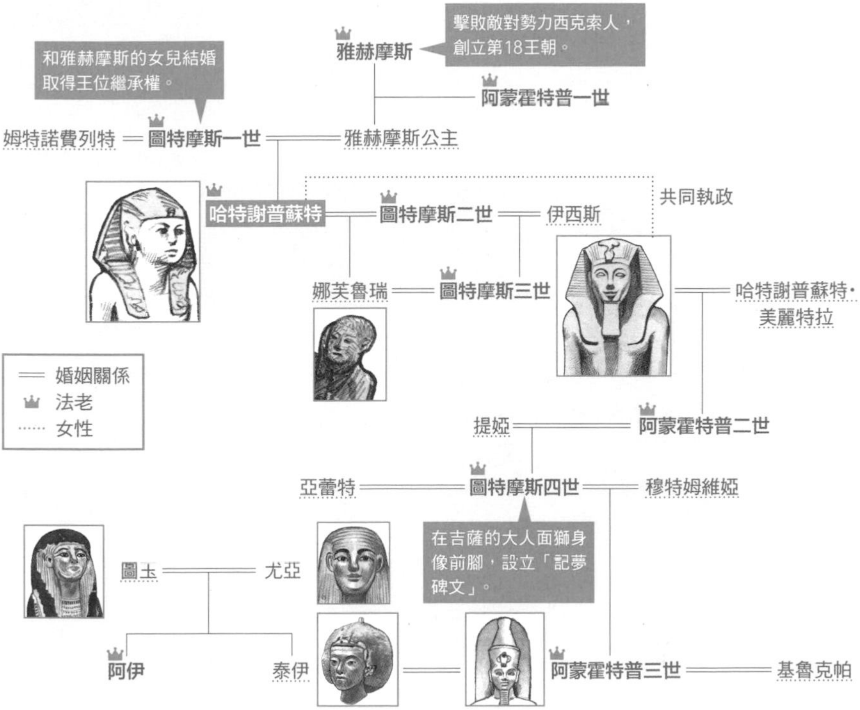

雅赫摩斯
擊敗敵對勢力西克索人，創立第18王朝。
阿蒙霍特普一世
和雅赫摩斯的女兒結婚取得王位繼承權。
姆特諾費列特 ═ 圖特摩斯一世 ═ 雅赫摩斯公主
哈特謝普蘇特 ═ 圖特摩斯二世 ═ 伊西斯
共同執政
娜芙魯瑞 ═ 圖特摩斯三世 ═ 哈特謝普蘇特·美麗特拉
提婭 ═ 阿蒙霍特普二世
亞蕾特 ═ 圖特摩斯四世 ═ 穆特姆維婭
在吉薩的大人面獅身像前腳，設立「記夢碑文」。
圖玉 ═ 尤亞
阿伊
泰伊 ═ 阿蒙霍特普三世 ═ 基魯克帕

═ 婚姻關係
♛ 法老
…… 女性

## 以男性表現手法雕塑的哈特謝普蘇特女王

哈特謝普蘇特女王的人面獅身像，以戴著那美斯式頭巾和假鬍鬚的法老姿態展示。

### 哈特謝普蘇特的人面獅身像

哈特謝普蘇特製作了數座裝扮成法老的人面獅身像。因為當時規定男性才能當法老，身為法老的女王便以穿著男性服裝的姿態展示。

## 哈特謝普蘇特的木乃伊？

在位於哈特謝普蘇特陵寢（KV20※）旁的小岩窟墓穴（KV60）出土了2具女性木乃伊，其中一具雙臂交叉於身體前方，擺出「法老木乃伊」的姿勢，自古就有多位學者主張這是哈特謝普蘇特的木乃伊。近年來，因為臼齒鑑定結果吻合，確定這就是女王的木乃伊，但因為體型豐滿，也有人強調這具木乃伊是別人。

※「KV」是「Kings Valley（帝王谷）」的簡稱。

哈特謝普蘇特和圖特摩斯二世的女兒。女王因為沒有兒子，費盡心思希望娜芙魯瑞能繼承王位，但最終沒有如願。

## 女王的親信

賽門姆特雖然不是貴族出身，卻深受女王寵信。先是負責照顧娜芙魯瑞公主嶄露頭角，後來成為女王親信並擔任數項要職，最終甚至掌握政治實權。女王似乎相當信任他，還讓他在女王祭廟地底興建自己的墓地。順帶一提，畫在其墳墓天花板上的天體圖，至今仍是研究古埃及天文學的重要史料。

## 賽門姆特是女王祭廟的工程負責人

女王的親信賽門姆特負責興建位於代爾埃爾巴哈里斷崖下的哈特謝普蘇特祭廟（P126），由3層中庭構成。是巧妙結合周遭景觀的美麗神廟建築。

# 建立見證光榮的方尖碑

哈特謝普蘇特學習父王圖特摩斯一世，擴建卡奈克・阿蒙神廟，為神廟奉獻2對（4根）巨大的方尖碑，但有2根遺失，現在只留下2根，其中1根倒塌，橫躺在聖池旁。方尖碑的前端包覆著金銀的天然合金琥珀金。

## 哈特謝普蘇特的方尖碑

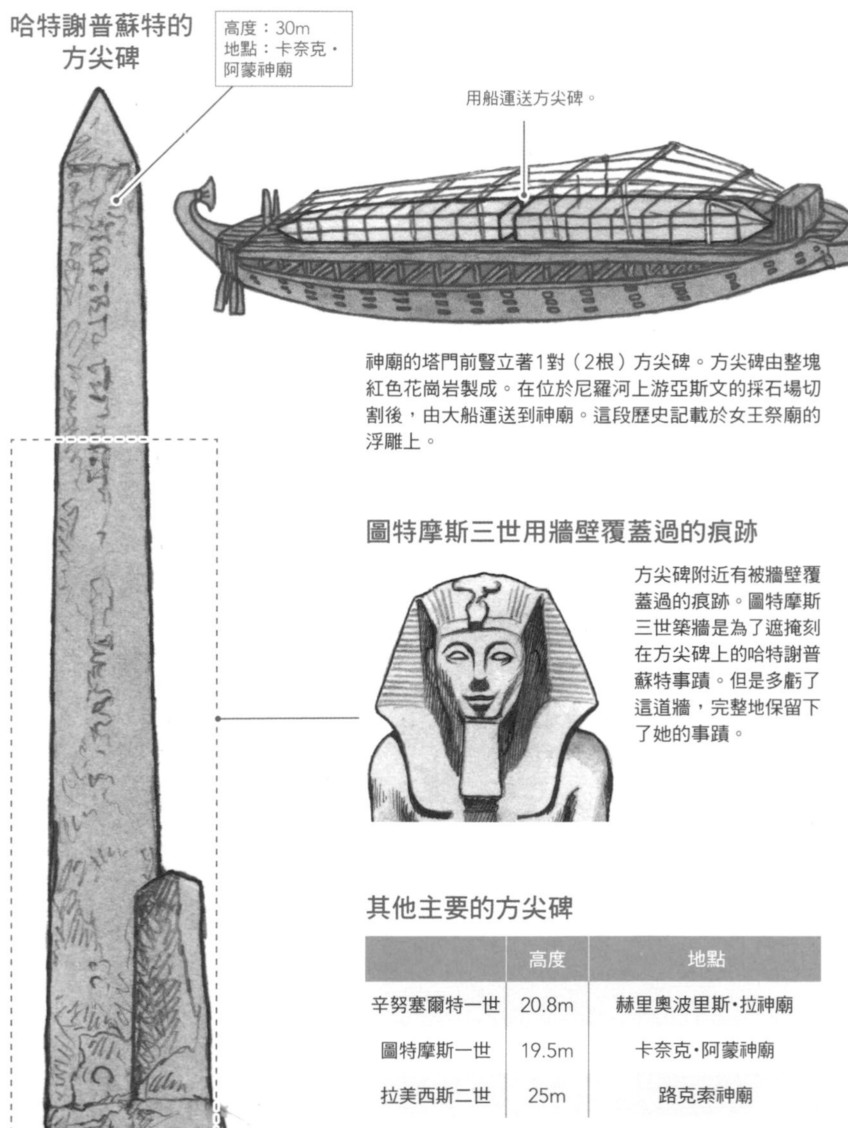


神廟的塔門前豎立著1對（2根）方尖碑。方尖碑由整塊紅色花崗岩製成。在位於尼羅河上游亞斯文的採石場切割後，由大船運送到神廟。這段歷史記載於女王祭廟的浮雕上。

## 圖特摩斯三世用牆壁覆蓋過的痕跡

方尖碑附近有被牆壁覆蓋過的痕跡。圖特摩斯三世築牆是為了遮掩刻在方尖碑上的哈特謝普蘇特事蹟。但是多虧了這道牆，完整地保留下了她的事蹟。

## 其他主要的方尖碑

| | 高度 | 地點 |
|---|---|---|
| 辛努塞爾特一世 | 20.8m | 赫里奧波里斯・拉神廟 |
| 圖特摩斯一世 | 19.5m | 卡奈克・阿蒙神廟 |
| 拉美西斯二世 | 25m | 路克索神廟 |

# 和邦特進行貿易

哈特謝普蘇特女王積極拓展貿易，和邦特恢復混亂時期之後就中斷的貿易。在她的祭廟牆面上，記錄著派船隊前往邦特進口各種物品的壁畫。

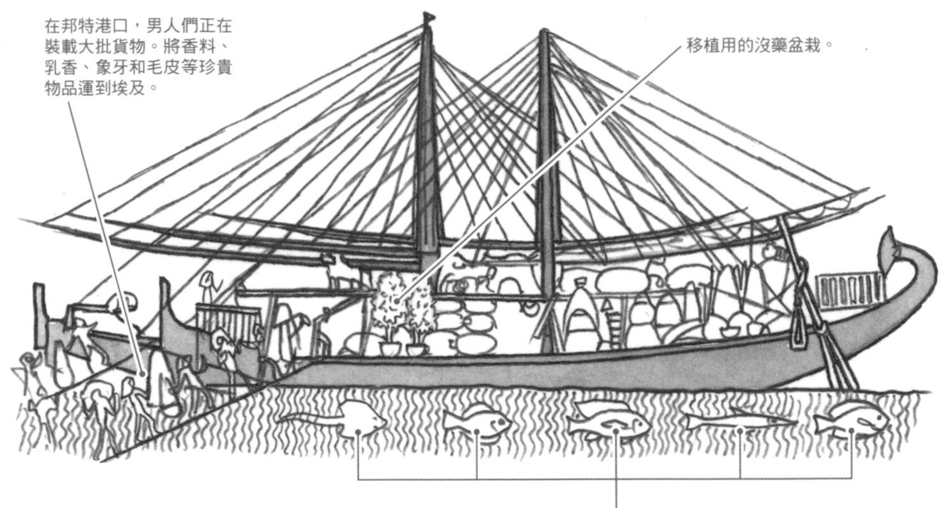

在邦特港口，男人們正在裝載大批貨物。將香料、乳香、象牙和毛皮等珍貴物品運到埃及。

移植用的沒藥盆栽。

圖上畫有海魚，由此得知邦特位於紅海沿岸。

## 邦特女王的浮雕

在描繪遠征邦特情景的浮雕上，也有邦特女王Ati和丈夫Parahu的身影。Ati的樣貌在描繪完美體態的埃及美術中相當少見，可能是患有竇根氏病等脂肪瘤症狀。

邦特女王Ati。相較於右邊身材苗條的丈夫，她略顯豐滿。

Ati的丈夫Parahu。

## 邦特位於？

邦特雖然位於埃及東南方，但不知道其確切地點。根據猜測，可能在目前衣索比亞北部的厄利垂亞附近。

## 根據底比斯的慶典決定城市的規劃

新王國時代的首都底比斯是一座慶典城市，其舉辦的祭典為國家重要活動。當中以抬神轎遊行到神廟的「奧佩特節」（P123）和「美麗山谷饗宴」最為重要，奠定這個基礎的即是哈特謝普蘇特。

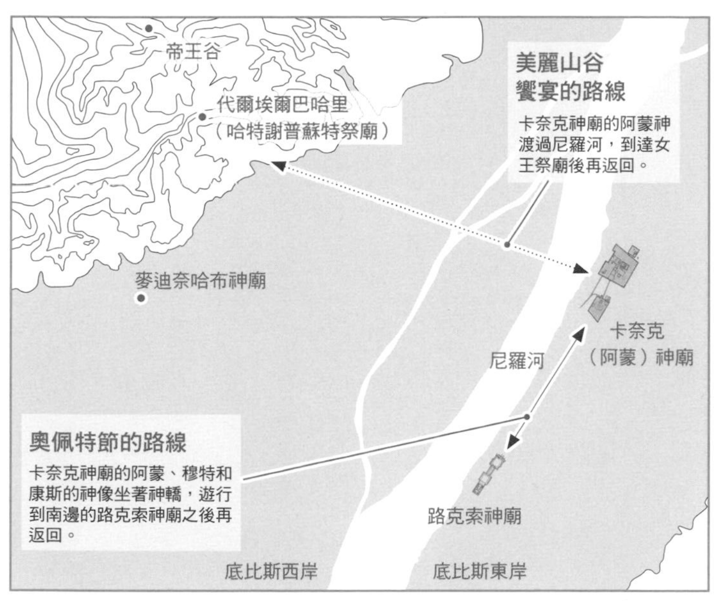


## 被抹去的女王政權

卡奈克‧阿蒙神廟中被刮除的哈特謝普蘇特浮雕。

哈特謝普蘇特生前留下紀念碑等建築，記述自己身為法老的正統性與政績，但這些在她死後，都被圖特摩斯三世毀去。這個行為僅限於哈特謝普蘇特為王的圖像或名字，另外也有一說認為，從圖特摩斯三世晚年的舉止來看，他不是出於憤恨進行破壞，而是為了阻止再有女王出現，強調兒子繼承王位的正當性。

# 圖特摩斯三世

## 遠征將版圖拓展至最大

DATA

| 荷魯斯名 | Kanakht Khaemwaset |
|---|---|
| 登基名 | Menkheperre |
| 出生名 | 圖特摩斯 |
| 在位期間 | 西元前1479～前1425年左右 |
| 墓地 | 帝王谷KV34 |
| 聖書體 | |

圖特摩斯

Menkheperre

展現理想姿態的雕像，出土於卡奈克・阿蒙神廟。

腰帶上刻有登基名「Menkheperre」。

哈特謝普蘇特女王過世後，圖特摩斯三世終於在治國的第22年單獨掌握王權。他擅長領兵作戰，經由多次遠征將埃及的版圖拓展到最大，名垂青史。

他的軍事行動中最值得一提的是遠征亞洲。圖特摩斯三世剛開始獨立掌權時，敘利亞、巴勒斯坦地區的反埃及統治勢力大增。圖特摩斯三世親自率兵遠征，以奇襲戰術成功擊敗敵方。以這一次遠征為先例，開啟往後20年內多達17次的軍事遠征，在晚年收復多座敘利亞、巴勒斯坦的城市。

圖特摩斯三世不只是用武力鎮壓，還設立了殖民地制度。他將領地大致分成3州，分別設立總督，各都市對國家有納稅和服兵役的義務。

另外，他還規定領地的王公長男必須住進埃及王宮當人質，接受埃及式教育。也就是說，他所實施的政策讓下一任王公在埃及教育的洗禮下，事先剷除了萌生反意的可能性。

# 多達17次的亞洲遠征

在卡奈克神廟周邊的岩壁上，刻有圖特摩斯三世多達17次的戰爭紀錄。信奉阿蒙神的圖特摩斯三世，將多數遠征得到的戰利品或供品奉獻給神廟，讓神廟財力大增。

## 浮雕上刻有已征服的亞洲都市名稱

圖特摩斯三世在卡奈克・阿蒙神廟第6塔門的浮雕上，留下戰爭紀錄。一一刻上已征服的敘利亞、巴勒斯坦的都市名稱。

在以城牆為型的方框內，留下征服過的都市名稱。

## 展示遠征時帶回的動植物「植物園」

位於阿蒙神廟第6塔門北邊的牆上，有畫著動植物的小房間。這個空間應該是名為「植物園」的王宮庭院，描繪了圖特摩斯三世遠征亞洲時帶回的奇珍異獸花草。

## 藉由遠征和殖民地政策將版圖拓展至最大

圖特摩斯三世除了積極遠征外，還對國家或都市的下一任統治者進行忠於埃及的教育，打造成順從母國的屬地。在他的努力下，第18王朝成為新王國時代版圖最大的王朝。用以往法老討伐敵人（外族）的構圖記錄下了這些豐功偉業（卡奈克・阿蒙神廟第7塔門）。

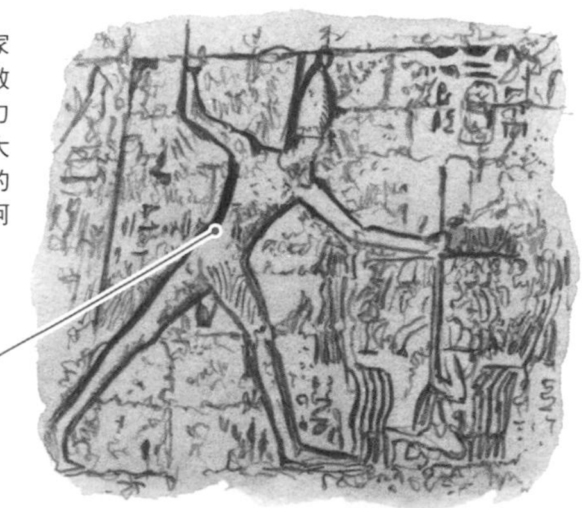

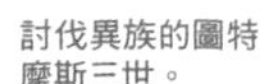

討伐異族的圖特摩斯三世。

# 阿蒙霍特普三世

## 以君王專制為目標的法老

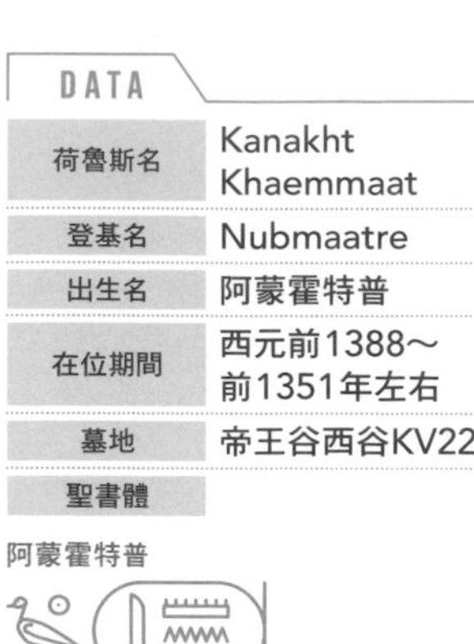

DATA

| | |
|---|---|
| 荷魯斯名 | Kanakht Khaemmaat |
| 登基名 | Nubmaatre |
| 出生名 | 阿蒙霍特普 |
| 在位期間 | 西元前1388～前1351年左右 |
| 墓地 | 帝王谷西谷KV22 |
| 聖書體 | |

阿蒙霍特普

Nubmaatre

這座禮拜用的雕像，呈現出年輕健美的體態，但據說是在法老晚年製作的。

站在雪橇上的阿蒙霍特普三世。雕像上刻有法老的名字，但阿肯那頓時代刮除了「阿蒙神」的部分。

自圖特摩斯三世執政後經過約60年，輪到他的曾孫阿蒙霍特普三世繼任為第18王朝的第九任法老王，埃及在此時進入新王國時代的巔峰期。政府幾乎不再出兵遠征，藉由殖民地進貢的貢品與商業貿易熱絡帶來的金錢，國家的經濟發展相當充裕。

有雄厚的財力支撐，阿蒙霍特普三世積極發展大規模的建築事業，過著豪奢的宮廷生活。但是在輝煌的事蹟背後，藏著以君主專制為目的的改革。例如，阿蒙霍特普三世迎娶平民為正妃，提拔沒有家世卻具有能力的官員；為了紀念法老登基30年，在底比斯西岸的馬爾卡塔王宮舉辦了王位更新節。這些無視以往傳統的各項行動，或許是為了牽制權力日增的阿蒙神祭司團。而他的下一代也確實和阿蒙神決裂。

另外，阿蒙霍特普三世在晚年開始疏於對殖民地的經營。大國西臺國開始進出埃及的同盟國米坦尼和殖民地。但是阿蒙霍特普三世卻違反約定漠視援軍的要求。在這種局勢下埃及殖民地的秩序大亂，最終失去不少屬地。

# 記錄在位期間政績的紀念聖甲蟲

記錄阿蒙霍特普三世任內前12年事蹟的五大紀念聖甲蟲。「聖甲蟲」原本是一種古埃及視為神靈、名為神聖糞金龜的甲蟲，一般稱作糞金龜。古埃及用來記錄法老任內的豐功偉業並將其流傳至國外。

## ❶ 獵獅聖甲蟲

阿蒙霍特普三世在登基的第1到10年內，親自用弓箭捕獵了102頭獅子。

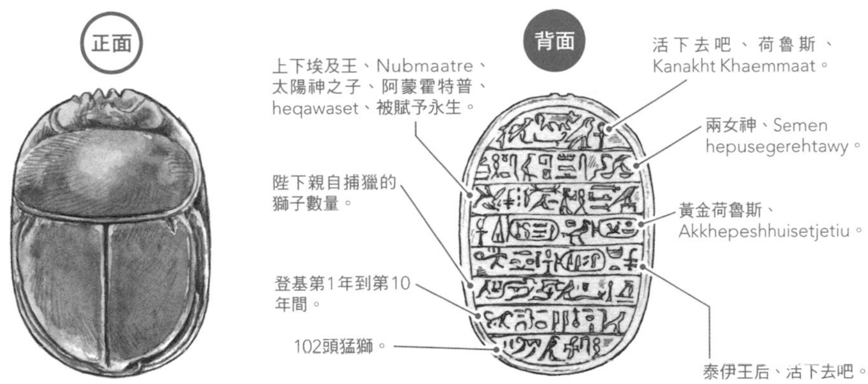

正面
背面
上下埃及王、Nubmaatre、太陽神之子、阿蒙霍特普、heqawaset、被賦予永生。
活下去吧、荷魯斯、Kanakht Khaemmaat。
兩女神、Semen hepusegerehtawy。
陛下親自捕獵的獅子數量。
黃金荷魯斯、Akkhepeshhuisetjetiu。
登基第1年到第10年間。
102頭猛獅。
泰伊王后、活下去吧。

## ❷ 婚訊聖甲蟲

記錄和泰伊結婚喜訊的聖甲蟲。上面寫著泰伊王后和她的雙親尤亞及圖玉的名字。

## ❸ 獵野牛的聖甲蟲

在登基第2年，法老坐戰車到沙漠獵野牛。法老總共捕獵了96頭野牛。

## ❹ 基魯克帕的聖甲蟲

法老在位第10年的紀錄。基魯克帕是米坦尼的舒塔爾那（二世）的女兒，帶著317位侍女嫁入埃及。

## ❺ 建湖聖甲蟲

法老在位第11年，為泰伊王后在名為Jaruka的城市修建長1.9km，寬360m的人工湖。

## 泰伊王后

自麥迪奈哈布神廟出土的泰伊王后頭像。因為頭髮和髮飾是後來才修補的，便有人推測泰伊王后在阿蒙霍特普三世死後變得更有權勢。

# 厚待寵妃泰伊的家族

古埃及王位繼承人的結婚對象，向來都是皇室貴族。阿蒙霍特普三世顛覆該項傳統，迎娶地方望族的女兒泰伊。他在婚後提拔泰伊的兄長安恩，並允許泰伊的雙親葬於帝王谷（P93）。或許是看重泰伊的父親尤亞在埃及中部的軍事能力。

泰伊的雙親尤亞和圖玉並非皇室成員卻被允許葬在帝王谷。他們的陵墓破例進入至今只有法老才能長眠的頭等地區。泰伊的兄長安恩，在阿蒙霍特普三世的支持下仕途扶搖直上，兼任阿蒙神第二祭司等各項職位。泰伊王后也預計和阿蒙霍特普三世同葬一處。另外，圖坦卡門的宰相——之後成為法老的阿伊（P51）同樣來自艾赫米姆，也有人認為他是泰伊的親戚。

**圖玉**

圖玉的黃金面具。在圖玉的陪葬品中，出現了好幾次「法老王后之母」的描述。另外，在尤亞的陪葬品中，不知為何沒有記述與泰伊間的關係。夫婦倆放在面具下的木乃伊都保存得非常良好。

**尤亞**

覆蓋在尤亞木乃伊上的黃金面具。1905年在帝王谷墓地發現尤亞和圖玉的墳墓時，雖然有盜墓的痕跡，卻幾乎未遭破壞，頓時成為話題。尤其是這個貼著金箔的面具，美得令人讚嘆。

**豪華陪葬品**

除了黃金面具外，夫婦倆的墓穴裡還有許多豪華陪葬品。這些以動物為型的特殊壺罐上都刻著尤亞的名字。從這些陪葬品可以看出夫婦握有莫大的權力。

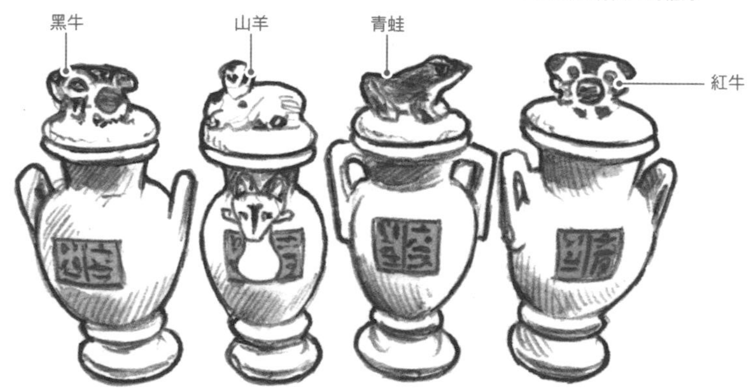

## 將法老本身神格化

埃及王朝自創立以來，都把法老視為天神之子，阿蒙霍特普三世卻神化自己，興建神廟供奉自己和阿蒙神。另外，他在晚年和自己的2位女兒結婚，一般認為是為了重現神話的世界。

### 獻上供品給成為神明的自己之浮雕

阿蒙霍特普三世獻上供品給成為神明的自己。雕刻在由法老興建、位於努比亞的Soleb神廟裡的浮雕上。

帶著月亮頭冠的阿蒙霍特普三世。用月亮頭冠表示自己身為神的身分。

戴著頭巾和假鬍鬚，頭巾上裝飾著展現王權的聖蛇眼鏡蛇。

手握瓦斯神杖。

### 泰伊王后也神格化

阿蒙霍特普三世把自己神格化，泰伊正妃也跟著被神格化。留下了夫妻二人成神的小雕像。

頭戴禿鷹羽毛飾品的泰伊。

站在泰伊旁邊的是阿蒙霍特普三世，但現在只剩下法老的左手。手腕上戴著手環。

貼身吊帶裙上覆蓋著禿鷹羽毛。這套服裝是以阿蒙神之妻穆特女神為概念，表現出泰伊身為神的身分。

## 財力雄厚，留下許多建築物

阿蒙霍特普三世致力於興建以祭祀為主的建築設施。他修建卡奈克的阿蒙神廟、擴增路克索神廟。個人建築方面，除了豎立著2座巨大自身雕像的祭廟外，還在底比斯西岸興建雄偉的馬爾卡塔王宮。

### 馬爾卡塔王宮的都市計畫

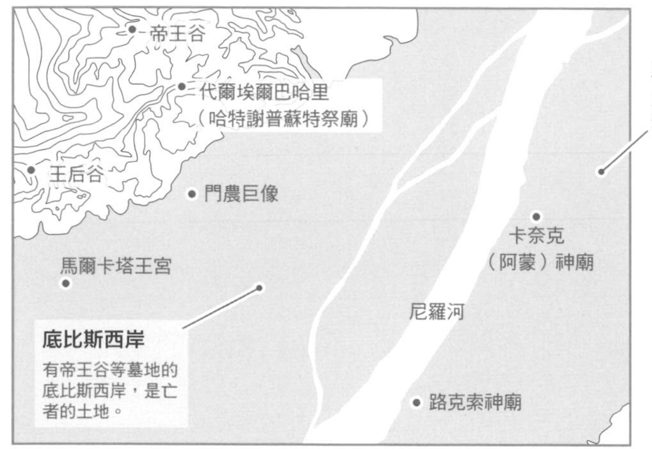


**底比斯東岸**

王宮通常隔著尼羅河，建於底比斯東岸。

一般認為馬爾卡塔王宮位於底比斯西岸，是為了逃離阿蒙神祭司團才建於亡者之地，但是這樣的說法並不正確。阿蒙霍特普三世當時其實是打算建造橫跨尼羅河東西（兩岸）的巨大王宮都市。

### 王宮內、法老寢室的天花板圖

從馬爾卡塔王宮遺址發現許多日曬土磚蓋的建築物遺跡。並在大廳及法老寢室附近出土大量的彩色畫片。

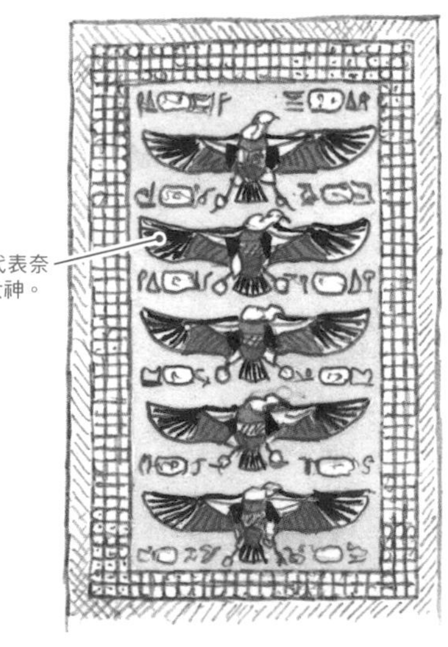

用禿鷹代表奈赫貝特女神。

### 路克索神廟 阿蒙霍特普三世的大立柱廊

曾是卡奈克・阿蒙神廟副殿的路克索神廟，原本是座小神廟，後來阿蒙霍特普三世增建了大立柱與中庭。

## 現僅存2座「門農巨像」的舊祭廟

建於西岸的祭廟，因為後人挪用石材遭到破壞，只剩下2座阿蒙霍特普三世的巨像。用這麼大的法老雕像彰顯自己，可說是對抗阿蒙神祭司團的表現。

立於阿蒙霍特普三世祭廟塔門前的2座雕像。高達20m。

以前北邊的石像會在黎明及黃昏時發出啜泣般的聲音。這個被當成門農哭聲的聲音，是因為早晚溫度變化過大所導致。經古羅馬人修建後就不再發出聲音。

兩邊刻有上下埃及統一的浮雕。腳邊是泰伊正妃與法老母親的小雕像。

雖然是阿蒙霍特普三世的石像，但被古羅馬人當作希臘神話英雄門農的雕像，故以此命名。

### 祭廟巨石像的腳與底座

在門農巨像附近也出土了數座曾位於法老祭廟的巨石像。這個只留下腳和底座的石像也是其中之一。

## 支持法老建築事業的忠臣 哈普之子阿蒙霍特普

以平民之姿擔任書記官，包含法老的祭廟在內，負責所有建設項目的優秀人才。在之後的托勒密王朝時代被尊為聖人。不靠身分而是憑實力備受重用。「哈普」是父親的名字，因為同名的人太多，便以這個名稱稱呼。

# 阿肯那頓（阿蒙霍特普四世）

## 進行世界最早的宗教改革

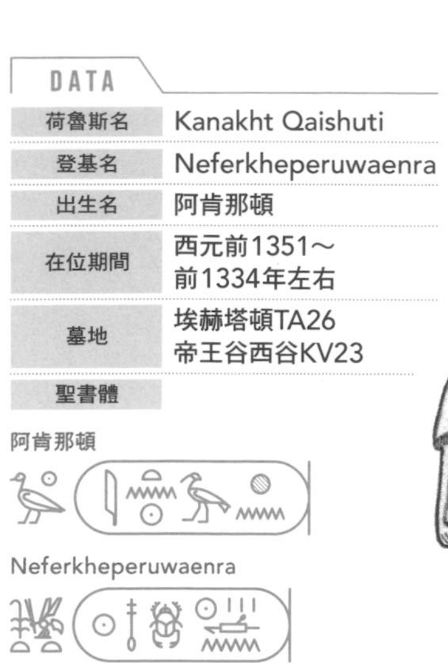
DATA

| | |
|---|---|
| 荷魯斯名 | Kanakht Qaishuti |
| 登基名 | Neferkheperuwaenra |
| 出生名 | 阿肯那頓 |
| 在位期間 | 西元前1351～<br>前1334年左右 |
| 墓地 | 埃赫塔頓TA26<br>帝王谷西谷KV23 |
| 聖書體 | |

阿肯那頓

Neferkheperuwaenra

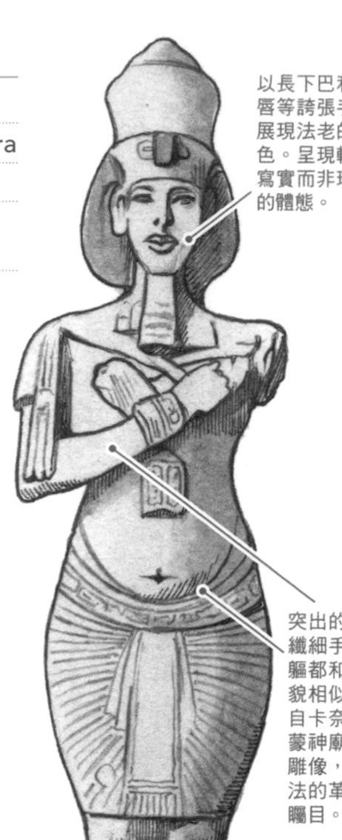

以長下巴和厚唇等誇張手法展現法老的特色。呈現較為寫實而非理想的體態。
突出的腹部、纖細手臂與身軀都和法老原貌相似。這座自卡奈克・阿蒙神廟出土的雕像，藝術手法的革新備受矚目。

阿蒙霍特普三世的繼任者是他的兒子阿蒙霍特普四世。他在父親疏遠阿蒙神及祭司團，並以君主專制為目標的教育下成長，最後終於發動了宗教革命。

他堅決實施宗教改革，廢除埃及以往的傳統多神信仰，信奉阿頓神為唯一的真神。

他在登基的第5年便把自己的名字阿蒙霍特普四世改成阿肯那頓。認為只有法老才是和神明交談的唯一人選，不需要祭司居中協調。甚至在他統治的第6年，為了徹底抹除阿蒙神，他在底比斯和孟菲斯之間營建新都，作為阿頓神的信仰聖地。新首都命名為埃赫塔頓（阿頓神之境）。而同時他還壓制其他眾神，消除紀念碑上眾神的名字，許多神廟都被迫封鎖。

阿肯那頓打算透過宗教改革，讓人民將目光焦點轉回法老身上，但是別說人民了，似乎只有法老和部分大臣接受。阿頓神信仰及其聖地埃赫塔頓在阿肯那頓政權結束後便告終，只存續了一代。

## 宗教改革中的阿頓神信仰

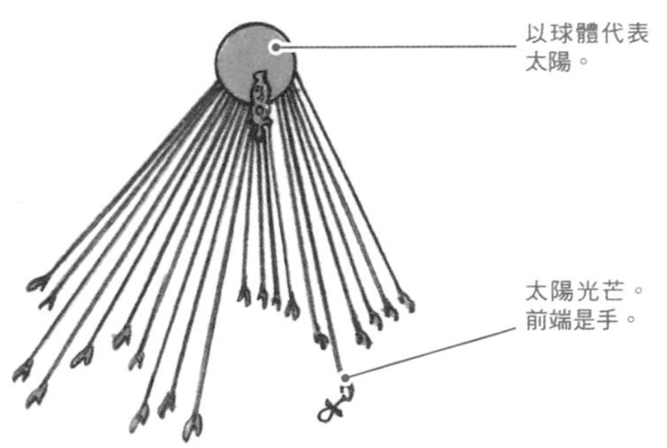


在古埃及，阿頓是太陽的意思。阿肯那頓的祖父圖特摩斯四世最先把阿頓神神格化，之後阿頓神在阿肯那頓的時代成為主神。

### 阿頓神的特色

- 世間萬物的造物主。
- 不僅是埃及，對其他外族也廣施恩愛的神明。
- 法老是阿頓神唯一的預言家。

孟菲斯
古埃及最早的首都。自初期王朝時代就很繁榮。信奉普塔神。

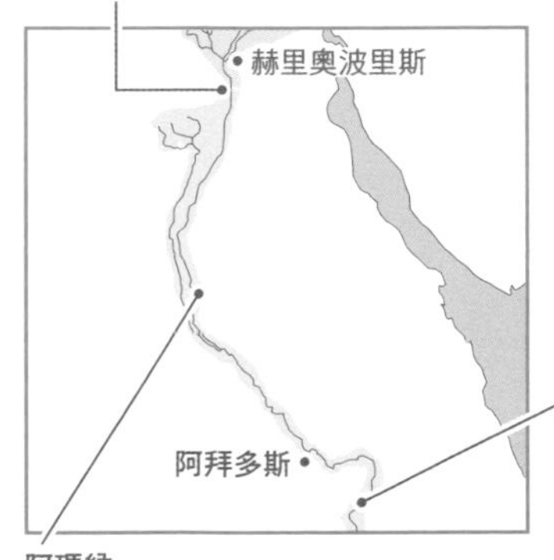


阿瑪納
位於主要城市之間，不受任何神明庇佑的土地。

底比斯
自新王國時代就以卡奈克神廟為中心而繁榮的宗教都市。信奉阿蒙神。

## 為了斷絕阿蒙神信仰 將首都遷到阿瑪納

為了推廣新宗教，必須和流傳至今的神話斷絕關係，以全新的土地作為聖地。而被挑上的地點就是孟菲斯和底比斯中間，位於尼羅河東岸的阿瑪納（當時名為埃赫塔頓）。

## 改名

為了徹底排除阿蒙神，連「阿蒙」霍特普四世的名字都捨棄不用，重新以阿頓神及阿頓神修辭為名。修辭部分因為法老的想法有所改變，有前期名稱和後期名稱。前期名稱意指阿頓神是新型態的太陽神，後期名稱則宣揚阿頓神是太陽神拉重新降臨人間的姿態。

### 前期名

「以阿頓、Shu（太陽光芒）的名義讚頌地平線上的拉荷魯斯。」（太陽神）

### 後期名

「阿頓再次以父親拉的名義降臨，讚頌兩位地平線上的統治者拉」

## 風格創新的阿瑪納藝術

埃及藝術到目前為止都是依循規定來呈現作品。例如，法老高舉棍棒的標準姿勢（P18等）就是歷代壁畫上常出現的圖案。阿瑪納藝術則是追求捨棄舊有形式的嶄新表現手法。

就像法老任內初期的作品，風格變化相當明顯，或許也有著向人民宣布揮別以往傳統的涵義吧。

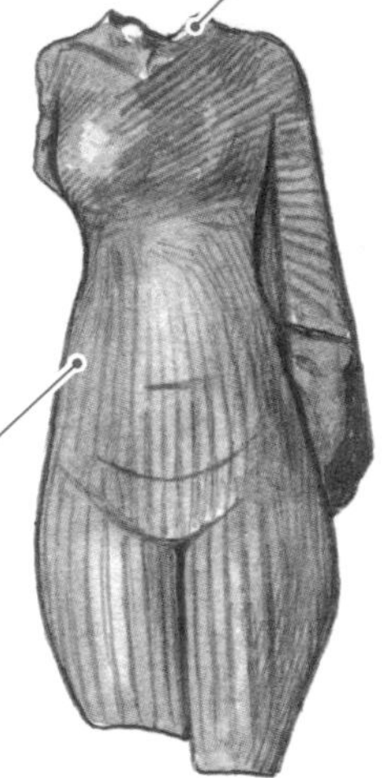

阿瑪納風格的雕像。雖然頭部遺失，但據推測是娜芙蒂蒂王后。

擁有豐滿曲線的下半身，是阿瑪納風格常見的表現手法。衣服皺摺刻畫細膩，相當漂亮。

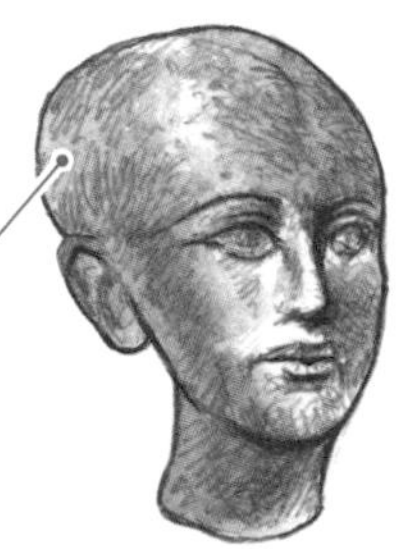

阿肯那頓女兒的頭像。如雞蛋般突出的後腦勺，也是阿瑪納藝術的特色。

在阿瑪納藝術中，可看到法老私下生活的模樣。

阿頓神。表示得到神的庇護。

抱著梅珂塔頓公主和安赫塞娜蒙公主的娜芙蒂蒂王后。

抱著大公主梅莉塔提逗弄的阿肯那頓。以新的寫實手法表現法老全家團圓的畫面。

法老夫婦相對而坐，全家和樂融融的情景，有別於彰顯法老權威的傳統埃及藝術。

## 謎樣美女娜芙蒂蒂王后的角色是？

阿肯那頓和前任法老阿蒙霍特普三世一樣，迎娶平民為正妃。據說有古埃及第一美女之稱的娜芙蒂蒂，可能是宗教改革真正的主導者。

娜芙蒂蒂王后半身像，自阿瑪納王宮的雕刻家的工作室遺址出土。

因為是練習品，所以只鑲上1顆眼珠。

在石膏上著色的雕像，姿態優雅美麗，拜這座雕像所賜，娜芙蒂蒂成為美女的代名詞。

### 娜芙蒂蒂的傳說

**傳說一**

下一任法老圖坦卡門的宰相兼祭司阿伊（Ay），是娜芙蒂蒂的父親。

**傳說二**

阿肯那頓的女婿，也是共同執政者的斯門卡瑞其實是娜芙蒂蒂。因為自某個時期起王后的紀錄便完全消失，故有此一說。

**傳說三**

娜芙蒂蒂的意思是「來了一位美女」，因此有人認為她是外國人，但這是錯誤的說法。

## 另一位王后基亞

蓋子做成基亞頭像的卡諾卜罈（P103）。

基亞是阿肯那頓的王后之一。雖然身分不明，但備受阿肯那頓寵愛，有人認為她是圖坦卡門的生母。

## 只維持一代的改革

阿肯那頓的宗教改革沒有被人民接受，原因包括法老壟斷祭祀儀式，使人民無法就近感受到神明的存在，無法具體呈現人們重視的「死後世界」，再加上法老疏於朝政，不受人民信賴等等。

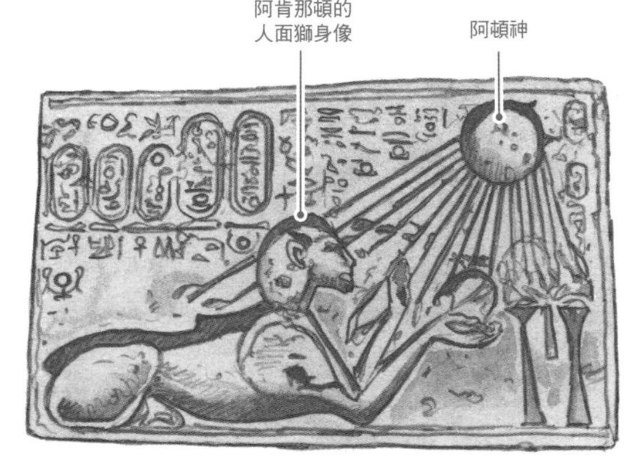

阿肯那頓的人面獅身像

阿頓神

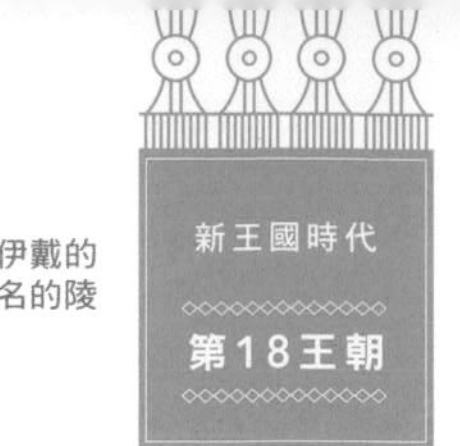

新王國時代

第18王朝

# 圖坦卡門

## 被時代捉弄的謎樣少年法老

DATA

| 荷魯斯名 | Kanakht Tutmesut |
|---|---|
| 登基名 | Nebkheperure |
| 出生名 | Tutankhamen<br>（圖坦卡門） |
| 在位期間 | 西元前1333～<br>前1323年左右 |
| 墓地 | 帝王谷KV62 |
| 聖書體 | |

Nebkheperure

Tutankhamen

圖坦卡門木乃伊戴的面具。是最知名的陵墓出土物品。

阿肯那頓死後，共同執政的斯門卡瑞也跟著過世，由年僅9歲的少年繼承王位。這就是舉世聞名的少年法老圖坦卡門。幼主登基在埃及並不稀奇。1922年他的陵寢在幾乎毫髮無損的狀態下被發現，自此圖坦卡門之名頓時傳遍全世界，但在這之前世人並不了解這位法老。

他上任後恢復了多神教的世界，尊崇先王時代遭受迫害的阿蒙神為地位最高的神，並遷都孟菲斯。然而實際治理國事的是輔佐幼主的祭司阿伊和將軍霍朗赫布。

圖坦卡門在祭司阿伊和將軍霍朗赫布的操控下，在位9年即過世。無人在意他的死因，連真正的身世及一生也充滿疑雲。那是因為後世在抹去阿瑪納時代的歷史時，也消除了圖坦卡門的名字和圖像。然而，拜此所賜，他的墳墓從未被盜，在歷史中被迫消失的法老，也因此千古留名。

# 圖坦卡門是誰的兒子？

圖坦卡門娶了阿肯那頓及娜芙蒂蒂王后的女兒，也確定自己就是王子，所以是正統的王位繼承人。但至今仍不清楚他的詳細身世。

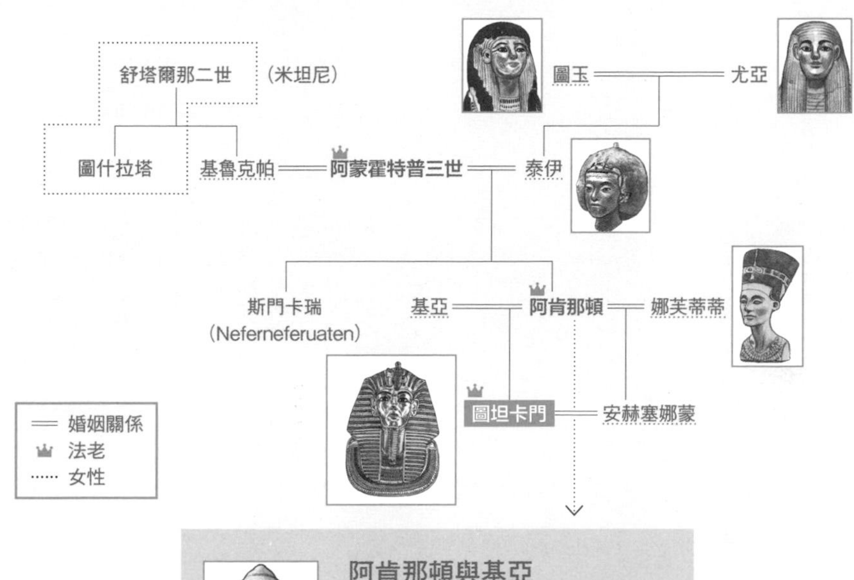

### 阿肯那頓與基亞

有一派強而有力的說法認為圖坦卡門的父親是阿肯那頓，母親是第二任王后基亞。剛好圖坦卡門出生後就再看不到基亞的相關記載，因此推測或許是生圖坦卡門時過世了。

# 葬於圖坦卡門陵寢的女性法老

目前確認在圖坦卡門即位前，阿肯那頓的王后娜芙蒂蒂曾以娜芙娜芙魯阿頓（Neferneferuaten）之名登基為王。在陵寢內發現了暗示這項可能性的物品，如女性統治者的雕像等。

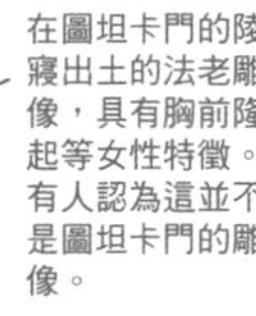

在圖坦卡門的陵寢出土的法老雕像，具有胸前隆起等女性特徵。有人認為這並不是圖坦卡門的雕像。

## 捨棄阿頓神信仰，恢復阿蒙神信仰

圖坦卡門即位後隨即開始恢復阿蒙神信仰。在他統治的第2年，將法老和王后名字內的神名從「阿頓」改成「阿蒙」，表示皈依阿蒙神的決心。並在卡奈克的阿蒙神廟蓋復興碑，整修被破壞的眾神建築。

### 接受阿蒙神庇護的圖坦卡門

在卡奈克・阿蒙神廟發現的雕像。在阿蒙神的坐像前，有和阿蒙神凝視同一方向的圖坦卡門立像。為了要證明再度和阿蒙神共治天下，法老穿著阿蒙神的祭司服裝。

阿蒙神戴著立有2根羽毛的帽冠。這個帽冠是阿蒙神的專屬用品。

雕像背面刻著的圖坦卡門之名，全部遭到霍朗赫布篡改。不過圖坦卡門大部分的紀念品都被霍朗赫布改名後重新使用。

圖坦卡門的頭部遭到破壞。是之後的法老霍朗赫布或塞提一世做的。

### 紀念阿頓信仰的寶座

在圖坦卡門的陵寢中，發現了法老生前用過的寶座。奢華的黃金寶座上留有阿頓信仰的痕跡。寶座靠背上有受到阿頓神保護的圖坦卡門及妻子安赫塞娜蒙的圖像。

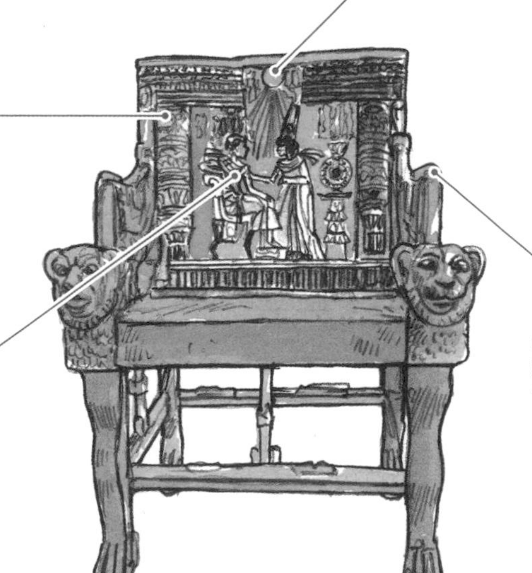

阿頓神。
寶座上畫著接受阿頓神保護的法老夫婦圖案，是阿瑪納時代的製品。
安赫塞娜蒙王后幫圖坦卡門塗抹香料。畫出法老夫妻和睦的畫面也是阿瑪納時代的特色。
寶座的扶手側面刻著法老的阿頓名。

# 圖坦卡門的死因與之後的政權

長眠於圖坦卡門陵寢的法老木乃伊。使用大量香料來保存木乃伊，卻反而讓狀態惡化。也因此直到現在還無法確定法老的死因。
根據研究發現他的左腳先天性變形，骨頭也壞死，由此可知他必須仰賴拐杖才能走路。

圖坦卡門年僅19歲就過世。關於他的死因眾說紛紜。自古以來就有人猜測是藥物毒殺、毆傷或是意外致死，但從CT和DNA的鑑定上發現他患有先天性的腳部疾病，也可能罹患了瘧疾、鐮狀紅血球症等遺傳病，增加了病死的可能性。

## 暗殺嫌疑犯

### （阿伊？）

阿伊以圖坦卡門監護人的身分掌握政權，為了當下一任法老，有可能暗殺圖坦卡門。其實他曾在圖坦卡門的陵寢以繼任者的身分舉辦喪事。

### （霍朗赫布？）

在圖坦卡門執政期間和阿伊共同攝政，是握有實權的有力人士。雖然沒有皇家血統卻對寶座充滿野心，也在阿伊之後如願成為法老。

### （安赫塞娜蒙？）

有人認為她和阿伊合謀進行了暗殺。她在圖坦卡門死後寫信給西臺國王，要求送一名王子過來當自己的丈夫，因此也有人認為是她謀畫暗殺。

## 圖坦卡門之後的王位繼承

圖坦卡門的兒子不到1歲就過世，繼任者必須是王后安赫塞娜蒙的丈夫。王后原本想招贅西臺國的王子，但王子卻遭到暗殺，由阿伊登上王位。阿伊過世後由霍朗赫布登基，成為第18王朝最後一任法老。

**圖坦卡門**（西元前1333～前1323年）

↓

**阿伊**（西元前1323～前1319年）

↓

**霍朗赫布**（西元前1319～前1292年）

## 被譽為世紀大發現的圖坦卡門陵墓出土

1922年11月4日，考古學家霍華德卡特發現了圖坦卡門的陵墓。這是第一次有未遭盜挖的墳墓出土，數量驚人的豪華陪葬品展現了古埃及深不可測的財力。最重要的是證實了在阿拜多斯及薩卡拉等王名表上被除名的圖坦卡門之存在。

### 寶物室

墓室內有一個大卡諾卜罈，收藏著4具放著圖坦卡門內臟的小棺木，以及陪葬人偶等。還發現了2具疑似圖坦卡門女兒的木乃伊。

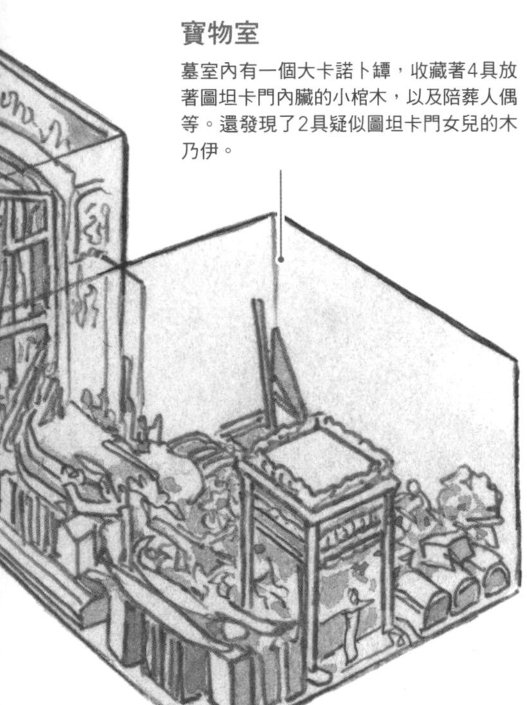

### 入口通道

通往前廳的通道，據說原本放有陪葬品。但是在法老入土後立刻被盜走，所以築起高達天花板的牆面阻擋盜墓賊入侵。

### 霍華德卡特的考古之路

霍華德卡特
（1874～1939年）

|  |  |
|---|---|
| 1874年 | 卡特出生，父親是動物畫家。 |
| 1891年 | 直到1899年為止，以埃及調查財團的素描畫家身分，參加貝尼哈桑古墓的挖掘活動。<br>跟隨當時知名的埃及考古學家弗林德斯皮特里，共同調查挖掘阿瑪納遺跡。 |
| 1893年 | 以埃及調查協會素描畫家的身分，加入代爾埃爾巴哈里的挖掘隊伍直到1899年。 |
| 1899年 | 擔任埃及的考古局監察官。進行埃及遺址的調查工作。 |
| 1905年 | 和法國觀光客發生爭執，辭去考古局監察官一職。<br>辭職後仍留在埃及，一邊當觀光導遊為生一邊尋找考古的機會。 |
| 1908年 | 接受英國貴族卡爾納馮爵士的金援，以挖掘帝王谷為目標。 |
| 1914年 | 握有帝王谷挖掘權的美國資產家兼律師西奧多戴維斯放棄主導權。<br>由卡特和卡爾納馮爵士繼續獲得挖掘權。<br>第一次世界大戰爆發，挖掘行動被迫中斷。 |
| 1917年 | 重啟帝王谷的挖掘行動。 |
| 1921年 | 因為沒有重大收穫出現，卡爾納馮爵士打算中止挖掘。卡特說服卡爾納馮爵士再挖一季就好。 |
| 1922年 | 發現圖坦卡門陵墓，震驚全球。古埃及王朝成為熱門討論話題。 |
| 1923年 | 正當卡特一行人進行陵墓清理作業時，卡爾納馮爵士過世。世人相繼討論圖坦卡門的詛咒。 |
| 1932年 | 自陵墓出土10年後，卡特終於完成墓地的清理作業。 |
| 1939年 | 卡特在英國過世。 |

## 墓室

法老長眠的墓室。墓室內有座方形木棺，裡面放著石棺與人形棺，躺著圖坦卡門的木乃伊。這座墓室唯一的裝飾是四周牆上畫著的眾神與死後世界等。

## 前廳

位於墓室前方的房間內，放著法老的戰車、儀式用靈床，還有站在封印門前看守墓室通道，和真人一樣大的雕像等豐富陪葬品。

## 備用室

放滿葬禮用的供品、香油、酒壺、床架等各種物品，卡特認為這相當於一般墳墓內和墓室相鄰的側廳。

**主要陪葬品**

- 呈現走路之姿或騎豹英姿的法老雕像
- 阿圖姆神、伊西斯女神等眾神的雕像
- 夏布提人偶
- 儀式用靈床
- 弓
- 衣服
- 手套
- 涼鞋
- 玻璃枕
- 睡床
- 模型船
- 墜子等寶石飾品
- 化妝或刮鬍用品
- 鏡子與鏡盒
- 桌遊
- 樂器
- 文具用品
- 標槍
- 權杖
- 扇子

## 保護木乃伊的層層棺木

圖坦卡門的木乃伊保護得相當嚴密。最外側是4層方形木棺，裡面放著棺蓋是石英岩製、棺身是花崗岩製的石棺。人形棺就躺在石棺內，打開3層人形棺才看得到戴著黃金面具的圖坦卡門木乃伊。

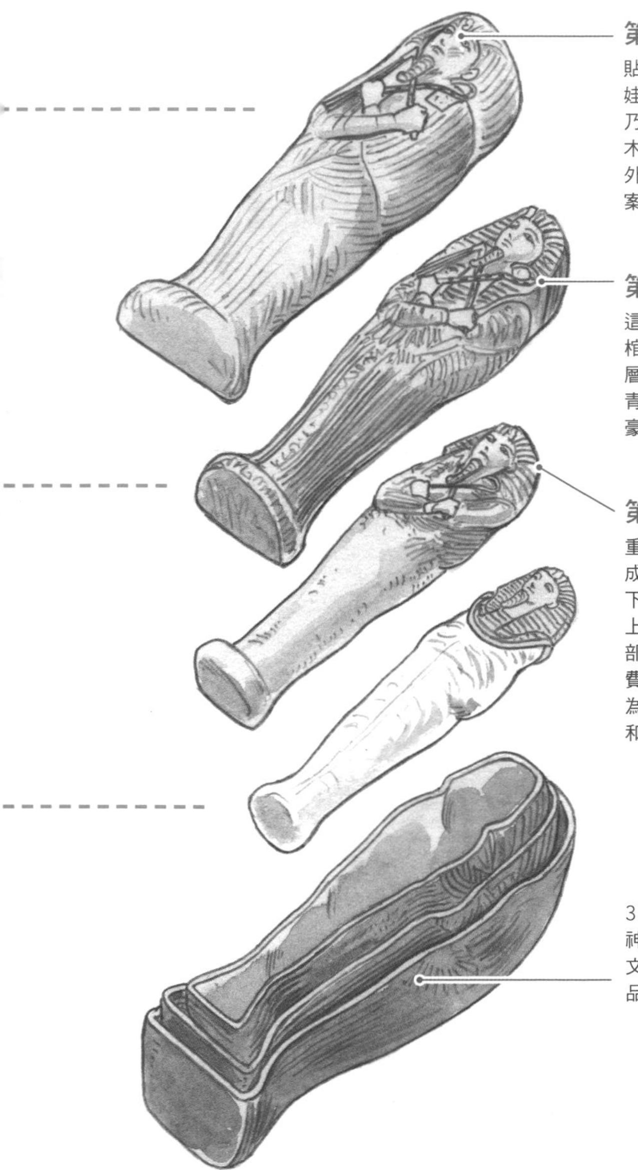

### 第1層人形棺

貼著金箔的木棺。人形棺如同俄羅斯娃娃般層層套疊，這是最外層的棺木。木乃伊現在就被安放在這個人型棺內。棺木上刻著裝扮成歐西里斯神的法老。另外還有伊西斯女神及奈芙蒂斯女神的圖案。

### 第2層人形棺

這個也是貼著金箔的木棺。名為羽型棺，特色是整體布滿羽毛圖案。和第1層人形棺一樣刻著法老的模樣，不過用青金石、黑曜石及色玻璃等裝飾得更加豪華。

### 第3層人形棺

重達110.4kg，純黃金打造的棺槨。扮成歐西里斯神的法老額上，刻著代表上下埃及王權的禿鷹和眼鏡蛇圖案。棺木上鑲滿各種寶石與玻璃，而且頭像的頸部還擺放項鍊。發現這具棺木後，眾人費盡苦心才看到那金碧輝煌的模樣，因為棺木上淋了大量香油，第2層人形棺和這具棺木之間填滿了凝固的香油。

3層人形棺就安放在刻著展翅的努特女神的石棺內。但是石棺上有被抹除的原文痕跡，由此可知此為二次使用的物品。再把石棺放進4層方形木棺內。

## 第2層人形棺的臉部表情異於其他棺木

第2層人形棺的臉部表情明顯和第1、3層人形棺不同。據說其實第2層棺木是為斯門卡瑞準備的，但因為圖坦卡門突然過世只好給他使用。

細下巴與整體形象穩重的臉部表情，和第3層人形棺與黃金面具的氣質相同。

和第1層人形棺相比，面部五官立體、輪廓分明而且表情威嚴。給人有別於其他棺木的印象，甚至會誤以為是別人。

### 木乃伊的飾品與黃金面具

圖坦卡門的木乃伊就躺在第3層人形棺下。頭部戴著重10.23kg的黃金面具，忠實呈現圖坦卡門王的容貌。身上還配戴多達170件以上的飾品與護身符。

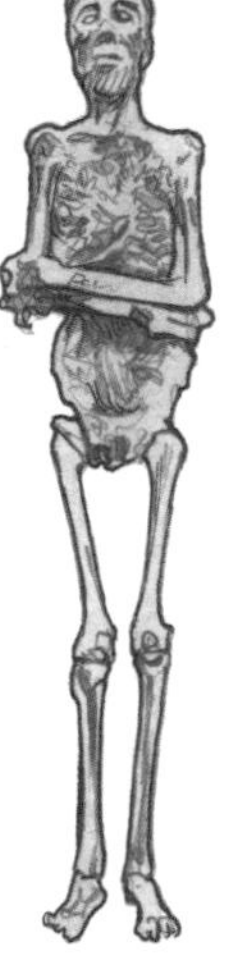

# 拉美西斯二世

## 古埃及最偉大的法老

相貌年輕的拉美西斯二世。戴著第18王朝開始出現的藍冠。藍色是當時代表榮譽的顏色。

**DATA**

| | |
|---|---|
| 荷魯斯名 | Kanakht Merymaat 及其他26種 |
| 登基名 | Usermaatre |
| 出生名 | 拉美西斯 |
| 在位期間 | 西元前1279～前1213年左右 |
| 墓地 | 帝王谷KV7 |
| 聖書體 | |

Usermaatre

拉美西斯

第18王朝最後一任法老是沒有皇室血統的軍人霍朗赫布。然後，霍朗赫布指名由他的屬下普拉美斯（拉美西斯一世）將軍繼承王位。這就是第19王朝的開端。

第19王朝是積極遠征的時代。其中拉美西斯二世是古埃及史上最重要的知名法老。他統治了埃及長達66年10個月，明顯是所有法老之中在位期間最長的法老。他留下了眾多建築物與子女，數量上沒有法老能出其右。

在他的豐功偉業中最為人津津樂道的是與強國西臺的戰爭。積極發展外交的拉美西斯二世，在登基第5年便募集了埃及史上規模最大的2萬人軍團，試圖攻打西臺。這場名為「卡疊石戰役」的戰爭，在各神廟都留下了英勇事蹟。

雖然最後沒有分出勝負，但數年後兩國簽訂了世界最早的和平條約，可說是成就斐然。

## 蓋最多建築物的法老

拉美西斯二世除了建造自己的陵墓與規模雄偉的祭廟拉美西姆（Ramesseum）外，也在各地興建建築，甚至在與自己無關的前任法老雕像上重刻自己的名字。因此和他有關的建築物數量多到驚人，可以說涵蓋了大約半數的埃及現存古代神廟。其中最有名的阿布辛貝神廟，是由挖掘了山崖後建造的2座神廟組成，正面入口並列著高20m的拉美西斯座像。

拉美西姆（P132）

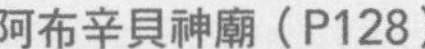

## 從木乃伊身上得知的事

活到約90歲的拉美西斯二世，他的木乃伊在1881年於代爾埃爾巴哈里出土。從木乃伊的調查中，研判他身高173cm，身材魁武，不過患有關節炎、動脈硬化及嚴重的牙周病。

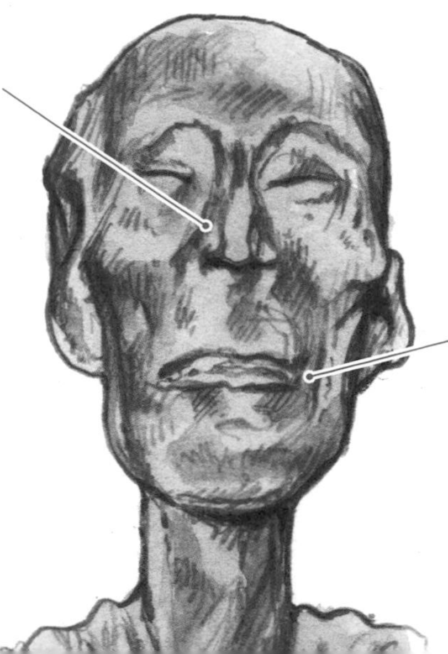

特徵是鼻樑高挺。雖然木乃伊的鼻子纏著繃帶，容易被壓扁，但製作拉美西斯二世木乃伊的工匠拿胡椒果實塞滿鼻腔， 得以將形狀保留至今。

拿掉塞在口腔內的樹脂後，得知他患有牙周病。可能會因為牙痛導致頭痛。據說也有缺牙的狀況。

拉美西姆第二塔門上的壁畫。描繪拉美西斯二世率領大軍和西臺軍激烈對戰的畫面。雖然描繪的是戰勝的場面，但實際上卡疊石一戰未能壓制住敵軍。

卡疊石城的四周環繞著城牆。實際上城市的一側有奧龍特斯河流經。

## 締結世界上最早的國際條約

## 卡疊石戰役

西元前1275年，在侵略亞洲上屬於戰略要地的卡疊石淪陷，成為埃及軍與西臺軍的戰場，此為「卡疊石戰役」。雖然埃及派出史上規模最大的軍隊迎戰，卻中了西臺軍的計謀，陷入危機。但是，拉美西斯二世依舊勇敢出擊，使敵軍節節敗退，西臺軍見此情況便要求議和。雖然這是埃及的官方紀錄，但實際上卻是西臺軍占優勢，埃及不願議和而撤退。之後兩國數度交戰，始終分不出勝負，或許彼此都覺得沒必要再打下去，於是決定締結和平條約。

乘著雙輪戰車拉弓射敵的拉美西斯二世。遵循埃及的美術慣例，把法老畫得比其他士兵大。

乘著雙輪戰車進攻的西臺軍。有戰車軍團與步兵。

## 戰爭的始末

西元前1275年，拉美西斯二世率兵出征。以收復卡疊石為目標。

←

陷入間諜設下的圈套，被西臺軍包圍。

←

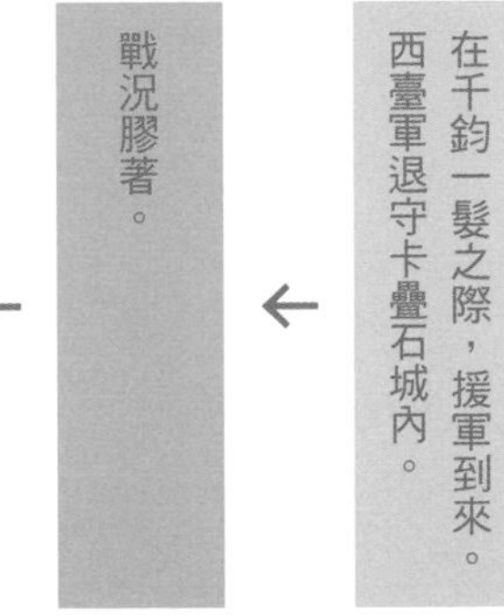

在千鈞一髮之際，援軍到來。西臺軍退守卡疊石城內。

←

戰況膠著。

←

西臺軍提出停戰要求。

新王國時代

第20王朝

# 拉美西斯三世

## 新王國時代最後一位大帝

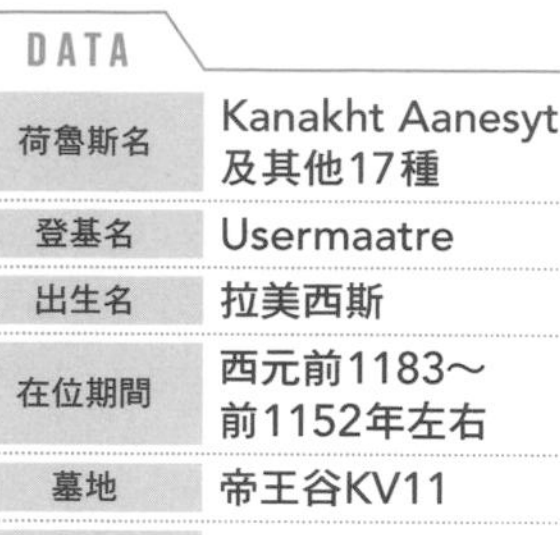

DATA

| 荷魯斯名 | Kanakht Aanesyt 及其他17種 |
|---|---|
| 登基名 | Usermaatre |
| 出生名 | 拉美西斯 |
| 在位期間 | 西元前1183～前1152年左右 |
| 墓地 | 帝王谷KV11 |
| 聖書體 | |

Usermaatre

拉美西斯

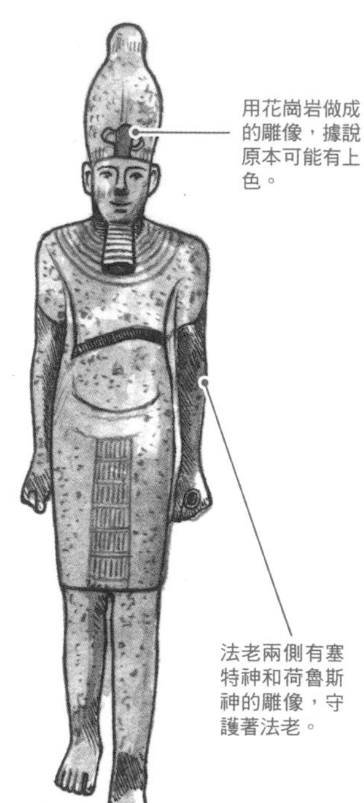

用花崗岩做成的雕像，據說原本可能有上色。
法老兩側有塞特神和荷魯斯神的雕像，守護著法老。

拉美西斯三世用弓箭瞄準入侵的海上民族。腳上踩著敵人的屍體。
和拉美西斯三世共同迎戰的王子。畫得比較小。

## 展開激戰 擊退海上民族

拉美西斯三世祭廟的牆上，記錄著拉美西斯三世和海上民族的戰爭。海上民族與外來軍團侵略物產豐饒的埃及，企圖定居於此。法老成功擊退了這些入侵者。

# 自

拉美西斯二世以後，地中海地區的局勢變得相當不穩，埃及進入飽受利比亞人或「海上民族」等異族威脅的混亂時代。在國力漸衰的情況下，唯一能與之抗敵的是第20王朝的第二任法老拉美西斯三世。

他的偶像是拉美西斯二世。雖然沒有血緣關係，卻以拉美西斯二世所建的拉美西姆為範本興建自己的祭廟（麥迪奈哈布神廟），如拉美西斯二世般英勇地與侵略者作戰。這些相關紀錄都保留在他自己的祭廟牆上。

拉美西斯三世發動過三次大戰。在他統治的第5年於西三角洲對抗入侵的利比亞人，第8年對抗「海上民族」，第11年再度和利比亞人對戰。三次皆戰勝成功阻擋敵人入侵，後世尊稱他為埃及最後的大帝。

不過，即便是這樣的英雄，到了晚年也難敵統率能力衰退，國內動盪不安。這個時期曾因官員貪污付不出修建陵墓的薪水，發生了史上最早的罷工事件。王宮內甚至有人企圖暗殺法老。

海上民族的軍船，船頭和船尾是垂直立起的。

進攻中的埃及軍。由非利士人和施爾登人組成海上民族同盟軍。

## 拖欠報酬引來工人不滿
## 爆發史上最早的罷工事件

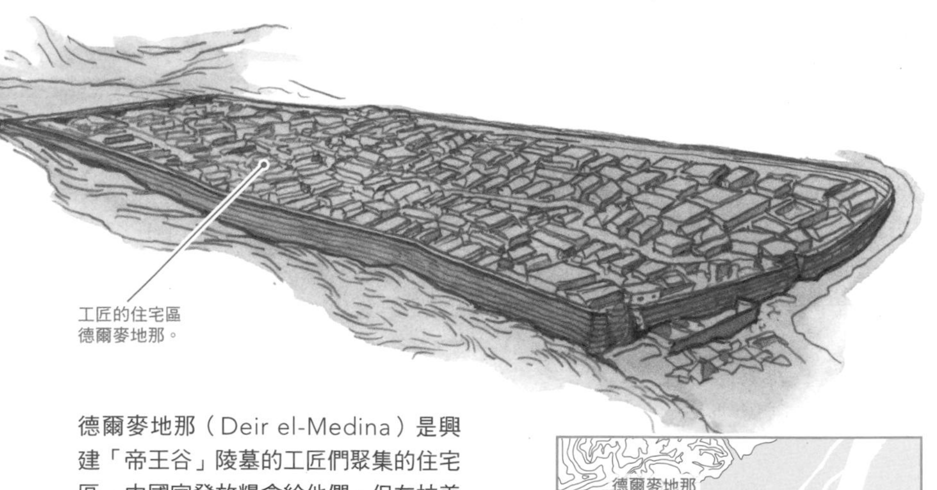

工匠的住宅區
德爾麥地那。

德爾麥地那（Deir el-Medina）是興建「帝王谷」陵墓的工匠們聚集的住宅區。由國家發放糧食給他們。但在拉美西斯三世統治的第29年，由於屢次延遲發放，工人們終於決定罷工。這是有歷史記載以來世界上第一起罷工案例。他們認為糧食延遲發放不是因為國庫不足，而是官員的不法行為所造成的，之後又發動了數次罷工。

德爾麥地那
拉美西姆
卡奈克神廟
王后谷
麥迪奈哈布神廟
尼羅河
路克索神廟

## 從法老的木乃伊身上
## 發現暗殺未遂的證明

保存狀態良好的法老木乃伊，據說是1932年的電影《神鬼傳奇》的參考範本。

拉美西斯三世晚年，發生了暗殺法老未遂的事件。主謀是低階的嬪妃泰伊，據說是為了幫兒子彭塔瓦爾奪取王位。一般認為法老因為這次事件負傷過重，在主謀及共犯尚未判刑前便過世了。但是，1881年木乃伊出土時，並未發現外傷的痕跡，因此斷定暗殺未遂。不過，在近年來的調查中發現，法老的喉嚨處有較深的傷口，使暗殺的說法再次變得可信。

從近年來的CT掃描中發現，喉嚨處有較深的傷口。

第三中間時期

第22王朝

# 舍順克一世

## 再度統一埃及的利比亞裔法老

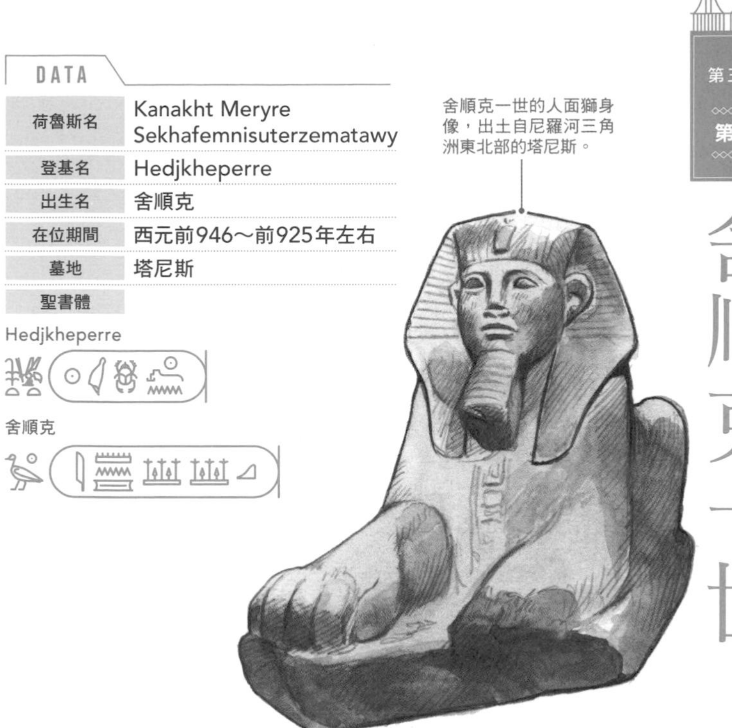

舍順克一世的人面獅身像，出土自尼羅河三角洲東北部的塔尼斯。

DATA

| | |
|---|---|
| 荷魯斯名 | Kanakht Meryre Sekhafemnisuterzematawy |
| 登基名 | Hedjkheperre |
| 出生名 | 舍順克 |
| 在位期間 | 西元前946～前925年左右 |
| 墓地 | 塔尼斯 |
| 聖書體 | |

Hedjkheperre

舍順克

第21王朝時，阿蒙神祭司團的權力再次與日俱增，埃及陷入南北分立的狀態（下埃及由法老，上埃及由阿蒙神大祭司統治）。再度統一埃及、展現實力的是第22王朝的首位法老舍順克一世。

舍順克一世是利比亞籍傭兵隊長的後代，所以第22王朝又稱為利比亞王朝。雖然利比亞人曾是埃及的敵人，但自前代王朝起傭兵的主力便大多是擁有利比亞血統的人，舍順克一世也是出生自利比亞人和埃及人的混血家庭。他和前任法老的女兒結婚，擔任軍隊的總司令，順利取得了王位繼承權。

舍順克一世讓自己的兒子擔任阿蒙神大祭司，再度統一分裂的埃及。他接著穩定國內政權，計畫收復埃及失土。於是在西元前925年，他趁著猶大王國和以色列王國打仗時進攻並大獲全勝。這段歷史也記載於《舊約聖經》之中。但是統一的榮光僅維持片刻，埃及於王朝的後半再度分裂。之後中央集權的力量衰退，各地諸侯自立為王，陷入更混亂的局面。

# 克麗奧佩脫拉七世

## 古埃及帝國最後一位首領、女王

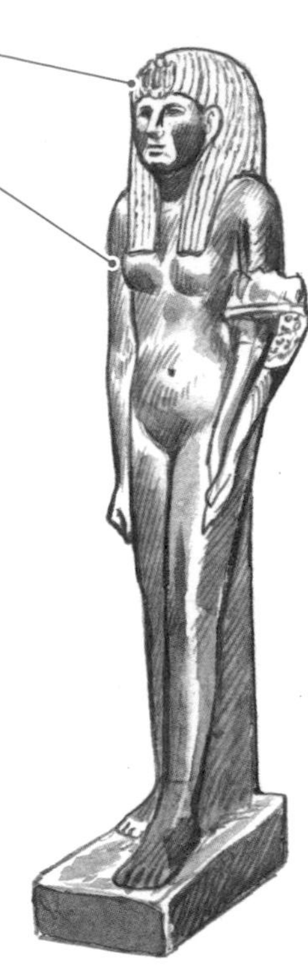

頭上的禿鷹和眼鏡蛇像象徵古埃及的王權。表示其為埃及統治者。
克麗奧佩脫拉時代製作的女王雕像數量稀少，這座黑色玄武岩雕像便是出自當時的珍貴藏品。

**DATA**

| | |
|---|---|
| 荷魯斯名 | Weretnebetneferuachetseh |
| 出生名 | 克麗奧佩脫拉 |
| 在位期間 | 西元前51～前30年 |
| 聖書體 | 克麗奧佩脫拉 |

古埃及最後一個王朝托勒密王朝，是亞歷山大大帝麾下的將軍——埃及總督托勒密在西元前304年登基建立的希臘人王朝，是在埃及的歷代王朝中，首度沒有在尼羅河沿岸建都的王朝，托勒密將首都遷至地中海沿岸的西三角洲的亞歷山卓，領土範圍不僅是埃及，更拓展至東地中海地區，連賽普勒斯島利比亞東部的昔蘭尼加等也歸入轄下。

托勒密一世及托勒密二世相繼建設新都亞歷山卓，這座繁榮的都市成為希臘化時代的文藝中心，人口多達50萬人，世界七大奇景之一的亞歷山大燈塔也位於此。不過，在西元前2世紀，勢力強大的羅馬軍攻破迦太基，克麗奧佩脫拉七世便和羅馬英雄凱薩結婚，企圖振興埃及王國。凱薩死後，克麗奧佩脫拉七世再度和羅馬軍人安東尼結盟，與屋大維率領的羅馬軍隊對戰，但是在西元前31年的亞克興戰役中敗北，隔年西元前30年，克麗奧佩脫拉七世自殺，埃及王國就此滅亡。

## 凱薩和安東尼

### 羅馬雙雄

聰慧且通曉7國語言的克麗奧佩脫拉七世迷倒了羅馬英雄凱撒。她在凱薩的支持下成為埃及的統治者，並和凱薩生下一子凱薩里昂。凱薩死後，她和安東尼聯手對抗屋大維率領的羅馬軍隊，卻在西元前31年的亞克興戰役中敗北，克麗奧佩脫拉七世於隔年西元前30年自殺辭世。

安東尼

刻著克麗奧佩脫拉七世和安東尼頭像的硬幣。撇開後世製作的不計，右頁雕像、下圖浮雕和這個硬幣是僅存的女王時代肖像。

## 托勒密王朝末期與4位子女

克麗奧佩脫拉七世育有4位子女。和凱撒生的兒子凱薩里昂被處死，其餘3位都被帶回羅馬，交由安東尼的第4位妻子小屋大薇撫養。其中2位兒子的命運不清楚，但女兒克麗奧佩脫拉塞勒涅二世，和曾位於現在阿爾及利亞的古代茅利塔尼亞王國的尤巴二世結婚，成為王后。

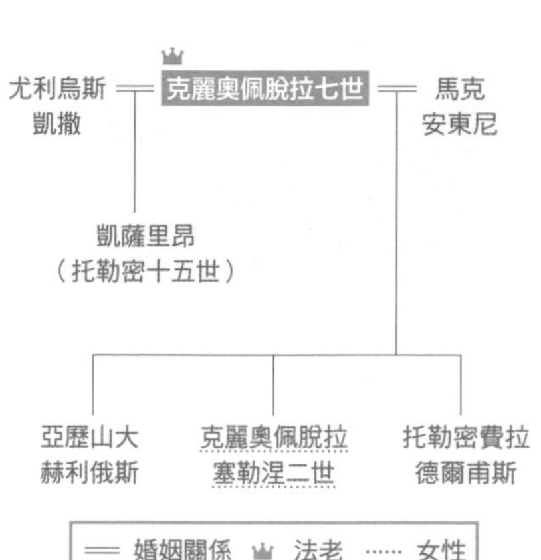

位於丹達臘的哈托爾神廟上的浮雕。刻著克麗奧佩脫拉七世和凱薩里昂手捧供品獻給神明的畫面。

COLUMN 古埃及學的功臣①

# 貝爾佐尼

Giovanni Battista Belzoni
（1778～1823年）

## 短期內留下驚人成果的冒險家

義大利籍探險家。出生於義大利北部的巴都亞。雖是機械工程學專家，卻發揮所學到埃及考古兼蒐集美術品。1798年離開羅馬定居國外。1803年來到英國。因為他身材高大超過2m，便暫時棲身於巡迴馬戲團，成為演出人員。1812年離開英國至各地旅行後，前往埃及兜售灌溉用抽水機卻以失敗告終。但是1816年英國總領事Henry Salt聘請他，直到1819年為止他都在埃及替英國進行考古及蒐集美術品。雖然他停留在埃及的時間很短，但卻在這段期間發現許多埃及遺址，留下驚人的成就。

1817年，他首度成功進入阿布辛貝神殿內部。此外他還在底比斯西岸的帝王谷發現了塞提一世的陵墓，並將墓室內的石棺送到英國。另外他還替大英博物館從拉美西姆運出名為「年輕門農（Younger Memnon）」，重達7噸的拉美西斯二世花崗岩石雕。並於隔年1818年首度進入吉薩的卡夫拉第二金字塔內部。

阿布辛貝神殿當時掩埋在沙堆下。貝爾佐尼清除沙石，讓神殿內部得以重見天日。

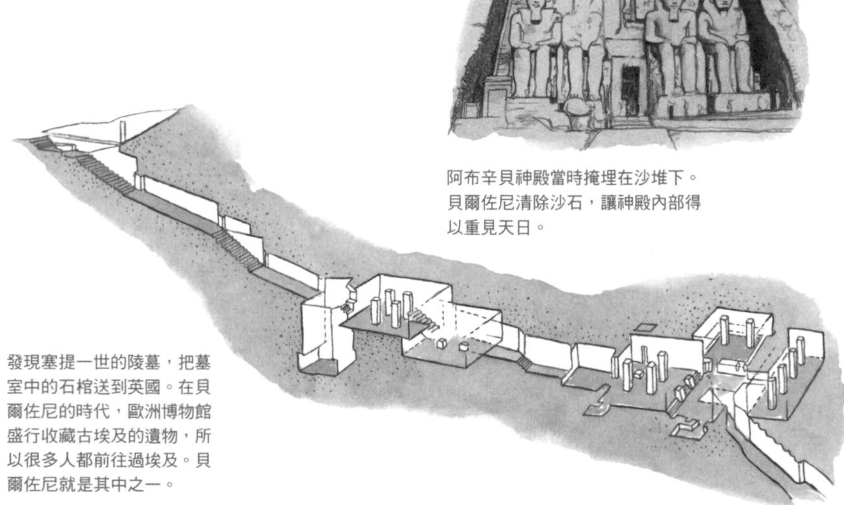

發現塞提一世的陵墓，把墓室中的石棺送到英國。在貝爾佐尼的時代，歐洲博物館盛行收藏古埃及的遺物，所以很多人都前往過埃及。貝爾佐尼就是其中之一。

# 第2章

# 古埃及的埋葬設施

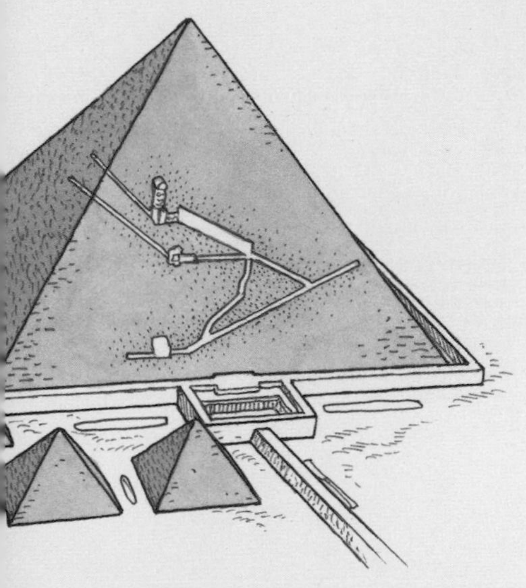

# 金字塔是什麼？

## 墓地也是權勢的象徵

**說**

到古埃及就一定會提到金字塔。這種巨大的四角錐建築可說是古埃及的象徵。金字塔基本上是建來當「陵墓」的。最早的階梯金字塔是向北方的拱極星祈求法老死後重生並復活的紀念性建築。除了法老的重生之外，也有展現強大王權的目的。

第4王朝的金字塔，是象徵太陽神信仰的紀念物兼祭祀設施。因為斯尼夫魯（P22）的兒子擔任太陽神主要崇拜中心赫里奧波里斯（位於古代盧努，現在開羅市的El Matareya地區）的大祭司，皇室與太陽神信仰變得密不可分。金字塔從階梯狀進展成截面為等腰三角形的「真正的金字塔」，整體造型象徵著太陽的光芒，藉由太陽從東方的地平線日復一日地升起，象徵重生與復活。

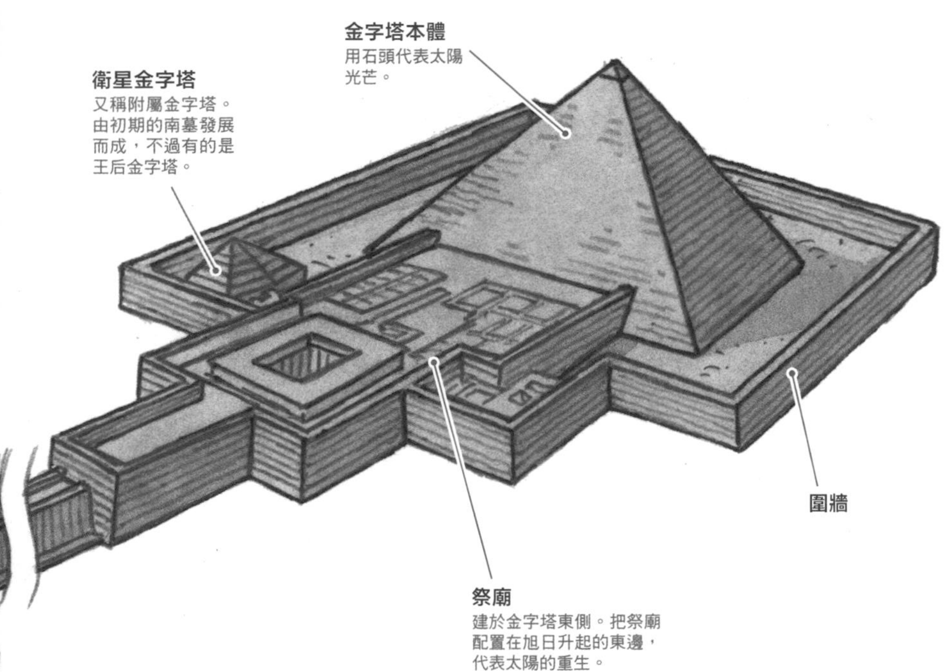

金字塔本體
用石頭代表太陽光芒。
衛星金字塔
又稱附屬金字塔。由初期的南墓發展而成，不過有的是王后金字塔。
圍牆
祭廟
建於金字塔東側。把祭廟配置在旭日升起的東邊，代表太陽的重生。

# 金字塔並非獨立個體 而是複數建築構成的「金字塔複合體」

金字塔並不是一座單獨存在，具有象徵意義的四角錐建築。而是由圍牆或祭廟等組合而成的群體，名為金字塔群（Pyramid complex）。階梯金字塔是以南北為軸的朝北建築，在廣大的圍牆內配置各項設施。另外，真正的金字塔考量到日出的方向，是以東西為軸的朝東建築物。

## 階梯金字塔的喪葬複合體

第3王朝左塞爾王的階梯金字塔，是以南北為主軸的朝北建築物。祭廟位於金字塔本體的北側，經過多次變更設計後，由南北長545m、東西長277m的廣大圍牆環繞起來。

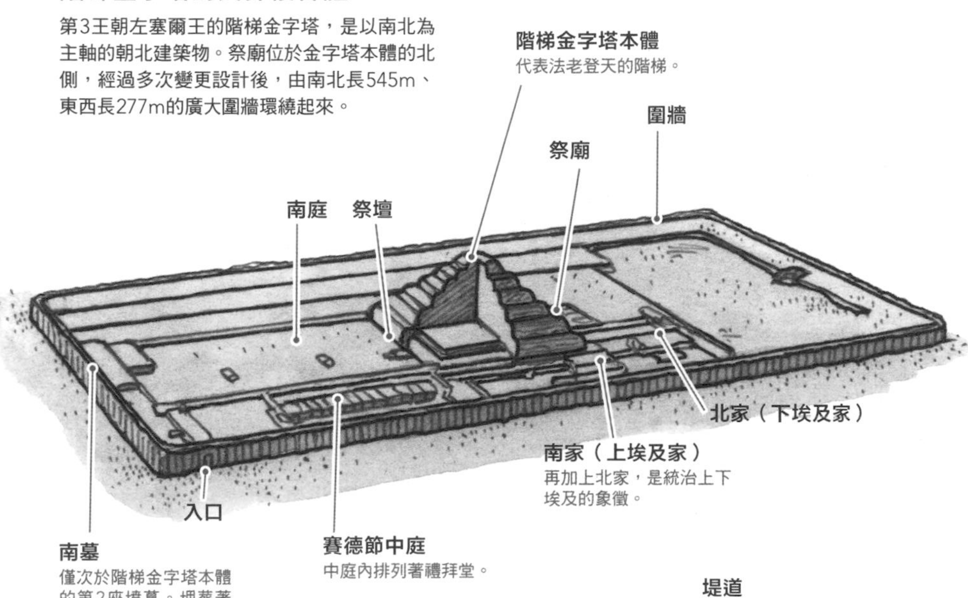


## 真正的金字塔的喪葬複合體

第4王朝以後興建的真正的金字塔的喪葬複合體，也就是所謂的「金字塔群」。金字塔建於面東的日出方位。金字塔本體、祭廟、堤道、河岸神殿並排於直線上。採用金字塔正面能照到日出光芒的外型。

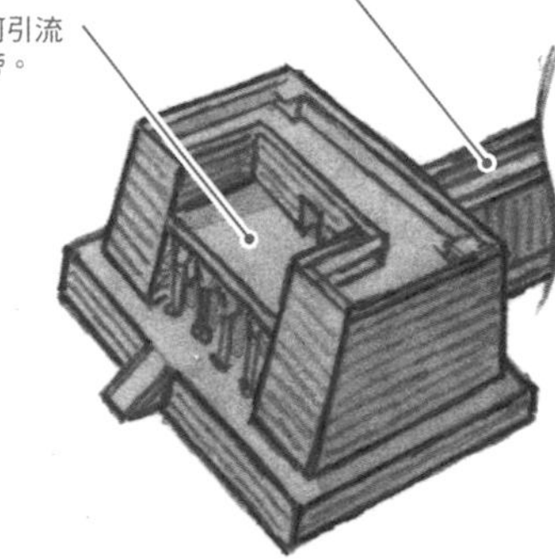

# 金字塔的分布區域

## 集中在帝都附近的建設

最早的左塞爾階梯金字塔建於首都孟菲斯以西的薩卡拉。初期王朝時代的大型馬斯塔巴墓就位於此處，這裡是興建陵墓的重要地點。自左塞爾的階梯金字塔之後，埃及境內蓋了百座以上的金字塔，大多數都集中在法尤姆以北，當中以吉薩的三大金字塔最為有名，還有阿布西爾、薩卡拉、代赫舒爾、美杜姆等地。基於地形因素，金字塔都建在位於河階且地勢平坦遼闊的岩盤地區。

興建阿布拉瓦什、吉薩、阿布西爾等地的金字塔時，雖然會顧及到太陽神信仰的中心地赫里奧波里斯，但是大多都位於和法老居住的王宮隔著尼羅河對望的西岸。中王國第12王朝時，由於首都從南方的底比斯遷到北方的伊塔威（現在的艾爾利施特附近），因此金字塔便建於艾爾利施特、代赫舒爾以及法尤姆地區。

### 吉薩

三大金字塔所在地，包括最有名的古夫金字塔。

**主要的金字塔**

- 古夫的大金字塔
- 卡夫拉金字塔
- 孟考拉金字塔

三大金字塔

### 阿布西爾

第5王朝的法老王金字塔幾乎都位於阿布西爾。太陽神廟也和金字塔同時出現。

**主要的金字塔與相關設施**

- 烏瑟卡夫的太陽神廟
- 紐塞拉的太陽神廟
- 紐塞拉的金字塔

### 美杜姆

斯尼夫魯最早蓋的金字塔「崩壞金字塔」所在地。附近有寬敞的私人墓地，是斯尼夫魯時代的皇親國戚或高官的墳墓。

**主要的金字塔**

- 斯尼夫魯的崩壞金字塔

# 金字塔分布圖

金字塔集中在尼羅河三角洲地帶的南端。不過在Dara或底比斯北邊的Tuk等地也發現了數座。

尼羅河三角洲
右圖
放大部分
Dara
尼羅河
Tuk
阿拜多斯
底比斯

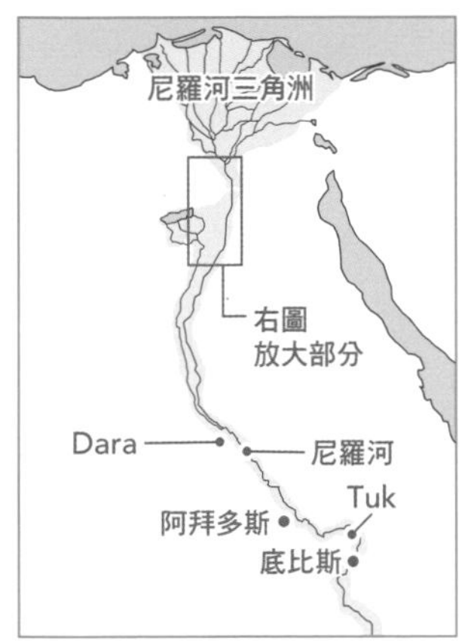

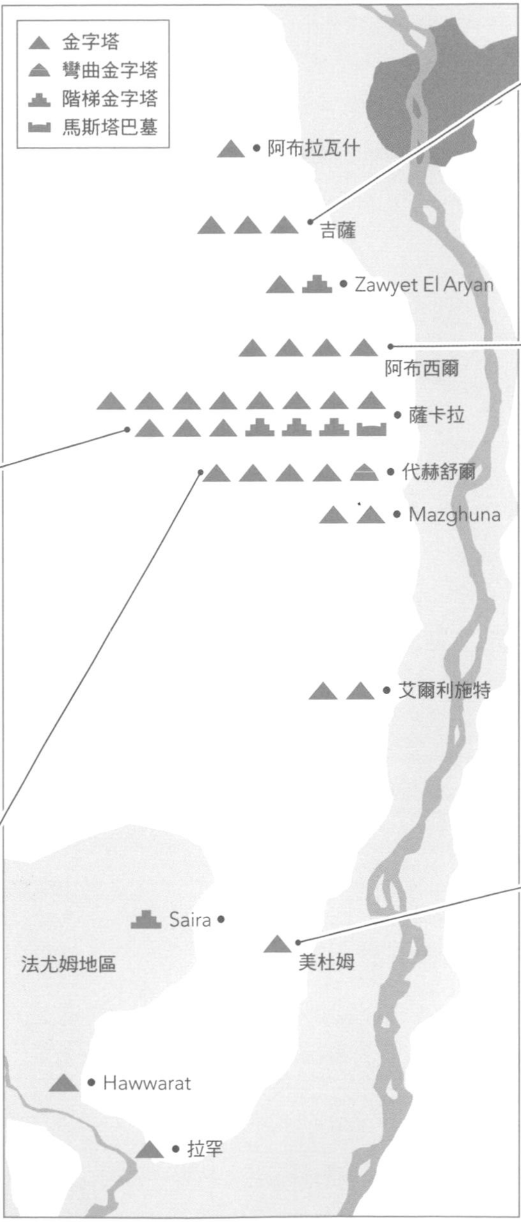

金字塔
彎曲金字塔
階梯金字塔
馬斯塔巴墓
阿布拉瓦什
吉薩
Zawyet El Aryan
阿布西爾
薩卡拉
代赫舒爾
Mazghuna
艾爾利施特
Saira
法尤姆地區
美杜姆
Hawwarat
拉罕

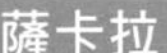

## 薩卡拉

以左塞爾的階梯金字塔為首，古王國時代的金字塔大多建於此。也有多座規模雄偉的高官墓地。

**主要的金字塔與相關設施**

- 左塞爾的階梯金字塔
- 謝普塞斯卡弗的馬斯塔巴墓

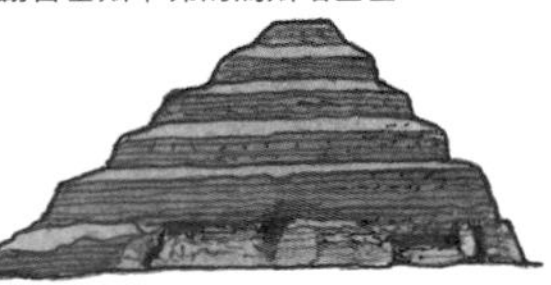

## 代赫舒爾

斯尼夫魯的2座知名金字塔所在地。這裡也有3座模仿斯尼夫魯，建於中王國時代（第12王朝）的金字塔。

**主要的金字塔**

- 斯尼夫魯的彎曲金字塔
- 斯尼夫魯的紅金字塔

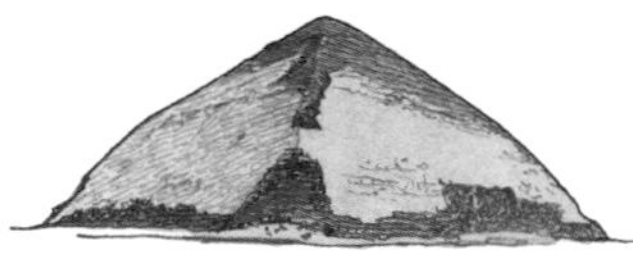

# 金字塔的變遷

## 在第4王朝迎來鼎盛期，隨後衰退

金字塔的歷史始於左塞爾的階梯金字塔。之後第3王朝的法老們繼續蓋階梯金字塔，結果卻在短時間內告終。真正的金字塔在第4王朝首任法老斯尼夫魯的手中建成，其兒子古夫將其發揚光大，成功蓋出史上最大的金字塔。接著繼任法老卡夫拉統治時來到金字塔時代的全盛期，真正的金字塔成為主流。

但是，金字塔規模在之後的孟考拉時代逐漸縮小。到了孟考拉的繼任法老謝普塞斯卡弗時，又蓋成古老的馬斯塔巴墓。在第5王朝時期金字塔的規模也持續縮減，不過這是因為當時把重點放在金字塔複合體的附屬建築——神廟的複雜度與內部浮雕上。儘管如此，古王國時代結束後法老的權力也跟著衰退，無法再蓋金字塔。中王國時代埃及再度統一，雖然這時期也有蓋金字塔，但技術卻比不上古王國時代。然後在新王國時代，首任法老雅赫摩斯一世的小金字塔及附屬陵墓，最終被岩石墓穴取代。

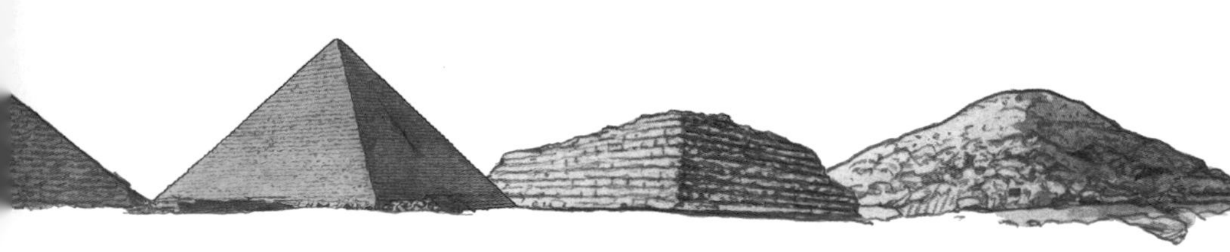

### 孟考拉的金字塔

高度：66.5m
地點：吉薩
建造時期：西元前2514～前2486年

三大金字塔之一。規模比其他2座小。

### 謝普塞斯卡弗的馬斯塔巴墓

高度：18m
地點：南薩卡拉
建造時期：西元前2486～前2479年

建於遠離太陽神信仰中心吉薩的南薩卡拉。

### 烏尼斯的金字塔

高度：43m
地點：薩卡拉
建造時期：西元前2342～前2322年

第5王朝烏尼斯的金字塔是古王國時代裡規模最小的。

## 金字塔的前身　馬斯塔巴墓

在金字塔出現前的初期王朝時代，都是建造名為「馬斯塔巴墓」的陵墓。「馬斯塔巴」在阿拉伯語中是長椅或板凳的意思，如名稱所示會在長方形的平台內設置數個墓室。初期王朝時代的大規模馬斯塔巴墓集中在薩卡拉地區。

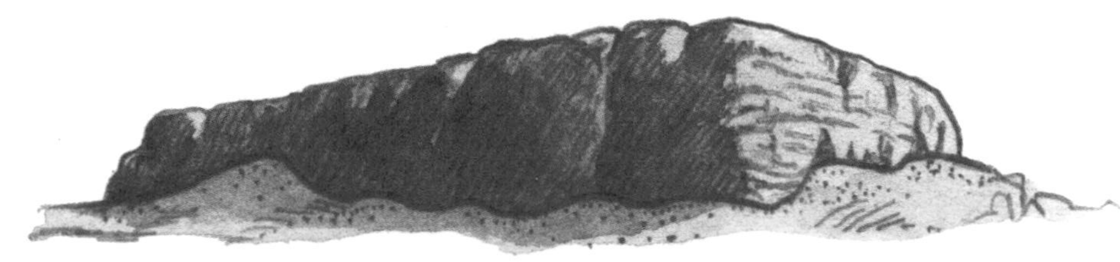

### 左塞爾的馬斯塔巴墓

雖然左塞爾建了有名的階梯金字塔，但在這之前他於阿拜多斯以北的貝特哈拉夫，用日曬土磚建造過馬斯塔巴墓。

## 金字塔的發展與衰退

從階梯金字塔發展至古夫金字塔時到達顛峰期。之後卻由盛轉衰。

### 左塞爾的階梯金字塔

高度：63m
地點：薩卡拉
建造時期：西元前2665～前2645年

世界最早的金字塔，也是埃及最古老的石造建築物。

### 斯尼夫魯的彎曲金字塔

高度：105m
地點：代赫舒爾
建造時期：西元前2614～前2579年

從階梯金字塔挑戰真正的金字塔，過渡期的金字塔。

### 古夫的大金字塔

高度：146.5m
地點：吉薩
建造時期：西元前2579～前2556年

規模最大的金字塔。內部結構也很複雜。

# 太陽神信仰與金字塔

## 誕生於第5王朝的新信仰型態

在古夫與卡夫拉（第4王朝）時代，巨大金字塔來到鼎盛期，不過之後的第5王朝法老們，除了金字塔外也有人建造祭祀太陽神拉的太陽神廟。最先興建太陽神廟的是第5王朝的首任法老烏瑟卡夫，雖然文獻記載第5王朝陸續建了6座太陽神廟，但目前只發現2座，懷疑是否有其他神廟存在。

太陽神廟是代替金字塔、立有方尖碑的複合式神廟。有上方神廟、堤道、河岸神殿等和金字塔一樣的結構，由此可知與金字塔同屬於喪葬設施。

至於為什麼要蓋太陽神廟，則與太陽神信仰日益盛行有關。第5王朝是太陽神祭司自立為王所創立的王朝，因此希望能藉此提高王權。

### 第5王朝推崇太陽神信仰

第5王朝的法老們希望與太陽神的關係密不可分。他們選在阿布西爾及阿布戈拉布蓋太陽神廟或金字塔。因為這裡是能遠眺太陽神信仰的根據地赫里奧波里斯最南的地點。從法老的名字也能看出太陽神信仰的傾向。自第5王朝中期起，便使用「Sa-Rê」（表示法老是太陽神之子）為正式王銜。

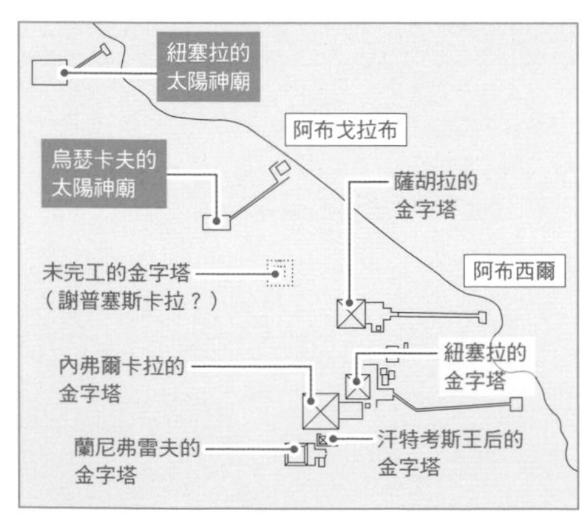

最早蓋太陽神廟的烏瑟卡夫頭像。自太陽神廟出土。

# 太陽神廟和金字塔的相似處

金字塔複合體和太陽神廟的構造，在用圍牆環繞上方神廟、堤道、河岸神殿的結構上相似。只差在上方神廟的主建物是金字塔或方尖碑而已。方尖碑是四角錐形的塔狀建築，象徵創世神話中第一道太陽曙光照射到的「奔奔石（Benben）」。方尖碑前面的祭壇每天都會供奉麵包、啤酒與宰殺的牛隻。

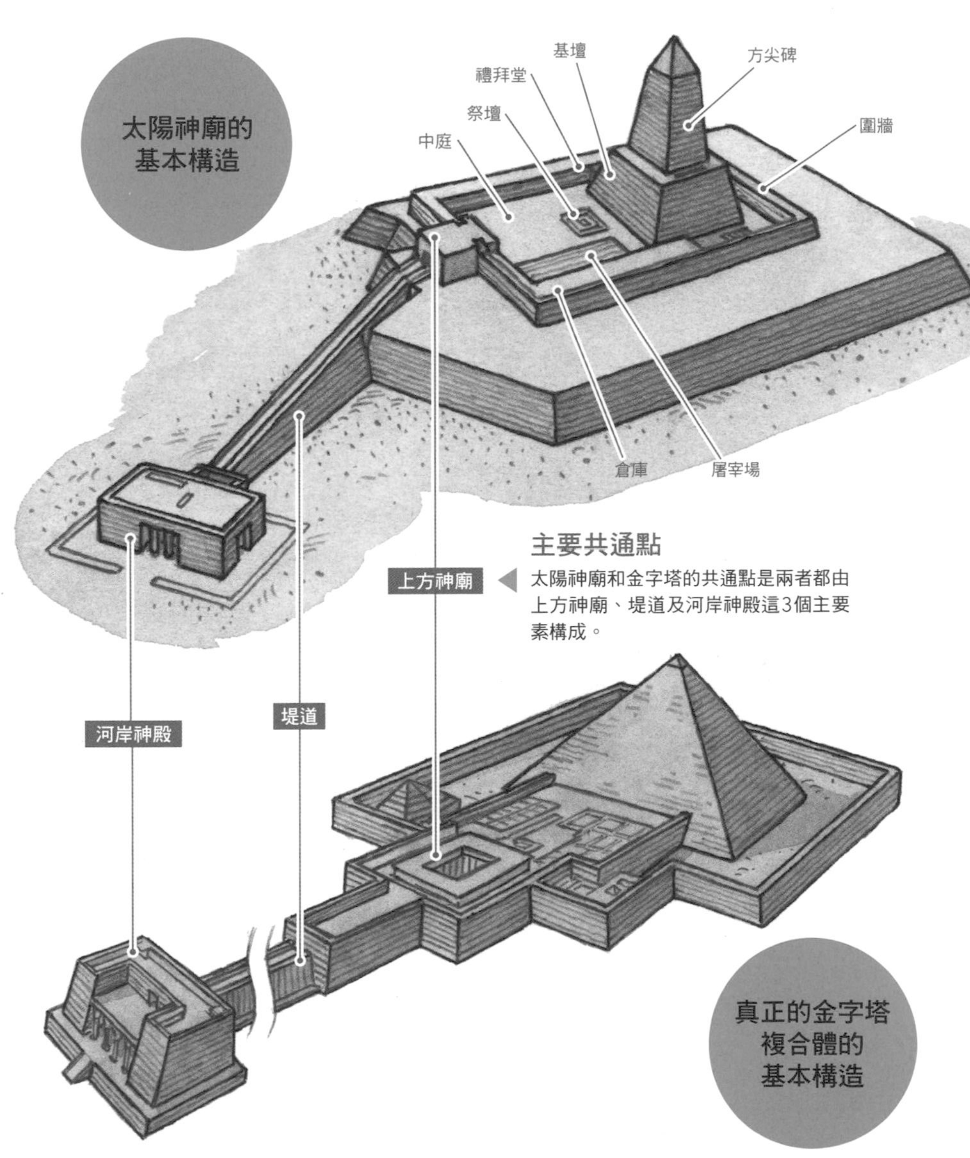


## 主要共通點

太陽神廟和金字塔的共通點是兩者都由上方神廟、堤道及河岸神殿這3個主要素構成。

# 金字塔的建造方法

## 採石、搬運、堆疊工程

金字塔的建造工序可分成準備材料（採石）→搬運材料→堆疊這3個步驟。首先是採石，大部分石材都是從金字塔的附近調配。三大金字塔的大人面獅身像所在的位置低於周邊，據說就是採石造成的，由此可知開採的範圍有多大。不過，金字塔表層等重要部分使用的優質石材，必須到遠方進行開採。在著名的地點——如從吉薩渡過尼羅河到東岸的Qurna，就留下了採石場的遺跡。最後再把切割好的石頭放到船上經尼羅河運出。

石材送到後便會開始堆疊。關於堆疊的工法眾說紛紜，但以左圖所示般，在金字塔旁架設坡道進行堆疊的說法最為有力。不過，也有人認為坡道的高度與寬度必須隨著金字塔的高度進行調整，需耗費大量的勞力與建材，這種做法並不現實。另外，坡道愈高寬度就會愈窄，強度也會跟著下降，關於這點也令人存疑。雖然是如此知名的紀念建築物，卻因為沒留下相關的建造紀錄，至今仍無法得知詳細的工法。

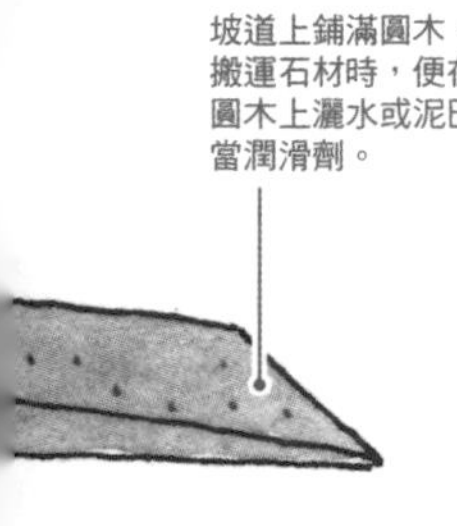
坡道上鋪滿圓木。搬運石材時，便在圓木上灑水或泥巴當潤滑劑。

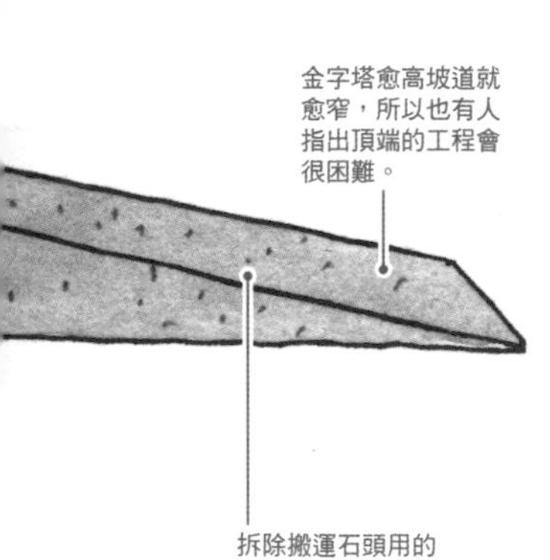
金字塔愈高坡道就愈窄，所以也有人指出頂端的工程會很困難。

拆除搬運石頭用的圓木。

## 金字塔的堆疊工法

最有可能的說法是架設長坡道搬運石頭堆疊。坡道高度會隨著金字塔高度增加而增加。經由這條坡道運送物資給現場的工人。堆好金字塔後進入表面拋光工程，會一邊進行拋光一邊拆除坡道。

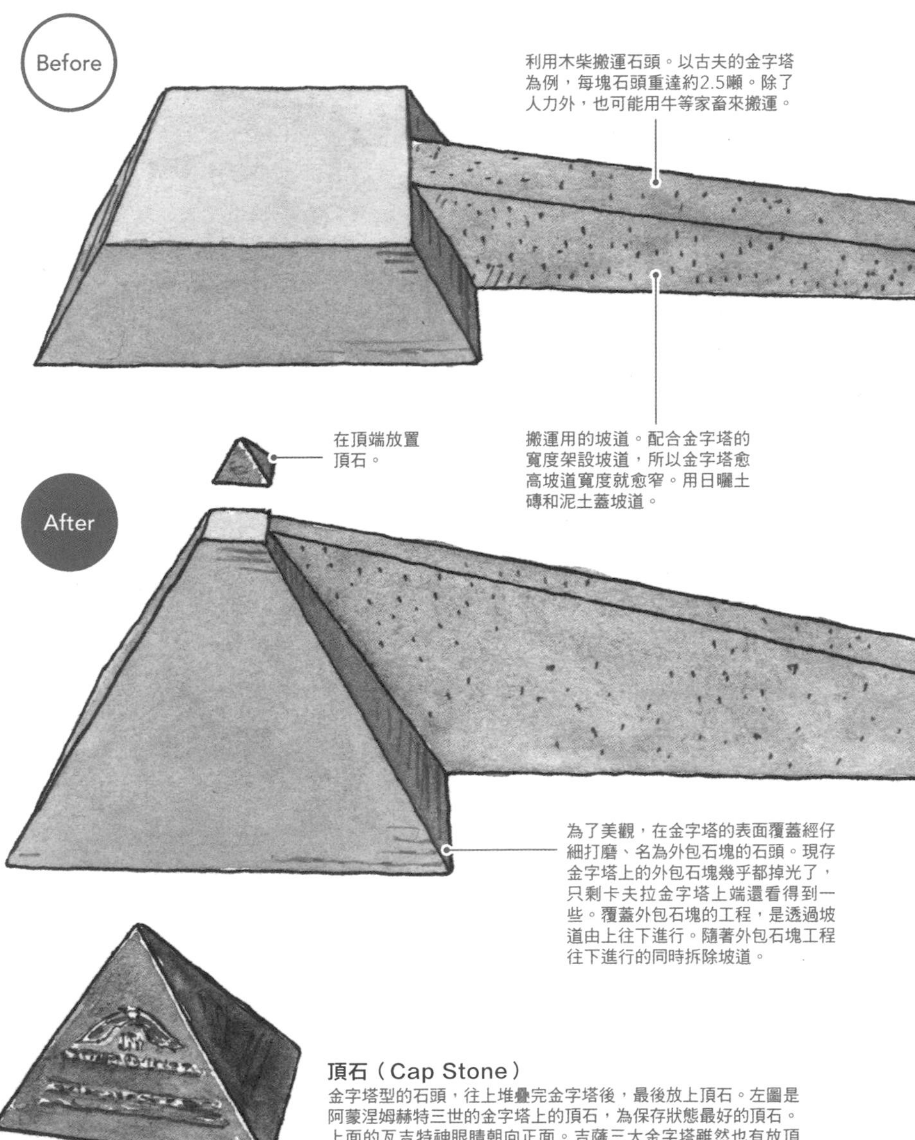

Before
利用木柴搬運石頭。以古夫的金字塔為例，每塊石頭重達約2.5噸。除了人力外，也可能用牛等家畜來搬運。
在頂端放置頂石。
搬運用的坡道。配合金字塔的寬度架設坡道，所以金字塔愈高坡道寬度就愈窄。用日曬土磚和泥土蓋坡道。
After
為了美觀，在金字塔的表面覆蓋經仔細打磨、名為外包石塊的石頭。現存金字塔上的外包石塊幾乎都掉光了，只剩卡夫拉金字塔上端還看得到一些。覆蓋外包石塊的工程，是透過坡道由上往下進行。隨著外包石塊工程往下進行的同時拆除坡道。

**頂石（Cap Stone）**
金字塔型的石頭，往上堆疊完金字塔後，最後放上頂石。左圖是阿蒙涅姆赫特三世的金字塔上的頂石，為保存狀態最好的頂石。上面的瓦吉特神眼睛朝向正面。吉薩三大金字塔雖然也有放頂石，卻沒有找到。

# 建造金字塔的村落

## 工匠們過著怎樣的生活？

### 一

提到金字塔的工地現場，各位腦中或許會浮現奴隸們邊工作邊挨打的畫面吧。不過根據近年來的調查發現，這是錯誤的偏見。在大人面獅身像東南方400m處，發現了類似工匠住宅區的村落遺跡，由此可知他們居住在生活機能齊全的環境中。

村落的四周建有圍牆，中間是成排的房舍，工匠們就住在這裡。另外，在這裡也有發現能夠滿足重勞力工作者的飲食設備。村落裡設有廚房，每天都能製作大量的麵包和啤酒，並由國家提供所需的穀物、蔬菜和肉類等食材。國家除了供應餐點外，也分發衣服、拖鞋等日常用品給他們。透過遺址我們現在得以清楚了解金字塔工匠們的生活。

## 工匠們的組織

透過計算得知採石和堆疊作業需要的勞動力是2000人。這些人會在經過分組的組織內工作。組織大概分成2個大隊。每隊分成5個中隊，中隊內每20個人再分成小隊。

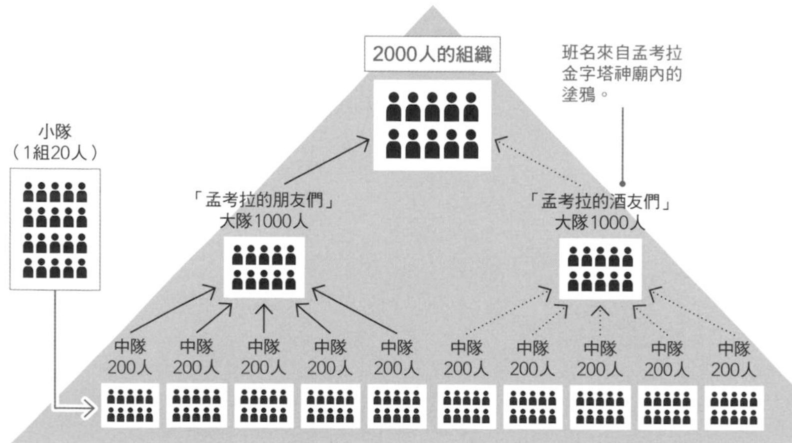

## 建造金字塔的工匠村落

大人面獅身像以東有圍牆環繞的工匠居住區。這裡離金字塔很近，工匠們每天都從這裡通勤上工。除了住處的遺址外，還發現了生產主食麵包的工作坊遺址。實際上不只蓋金字塔的人們，就連負責日常飲食的麵包師傅與釀酒師等也同住在村落裡，是一個大村落。

古夫的大金字塔
卡夫拉的金字塔
大人面獅身像
金字塔工匠村
孟考拉的金字塔

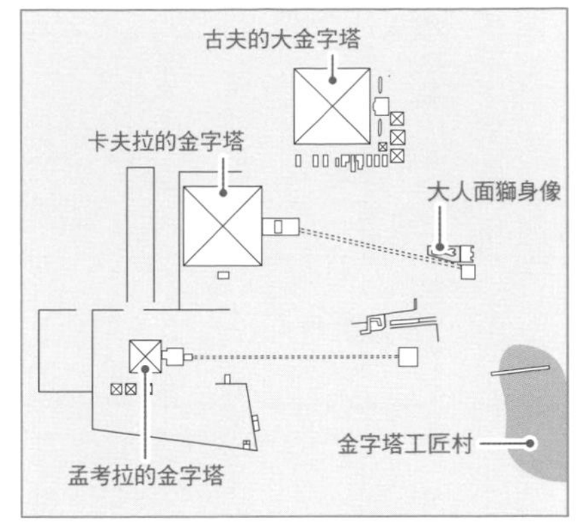

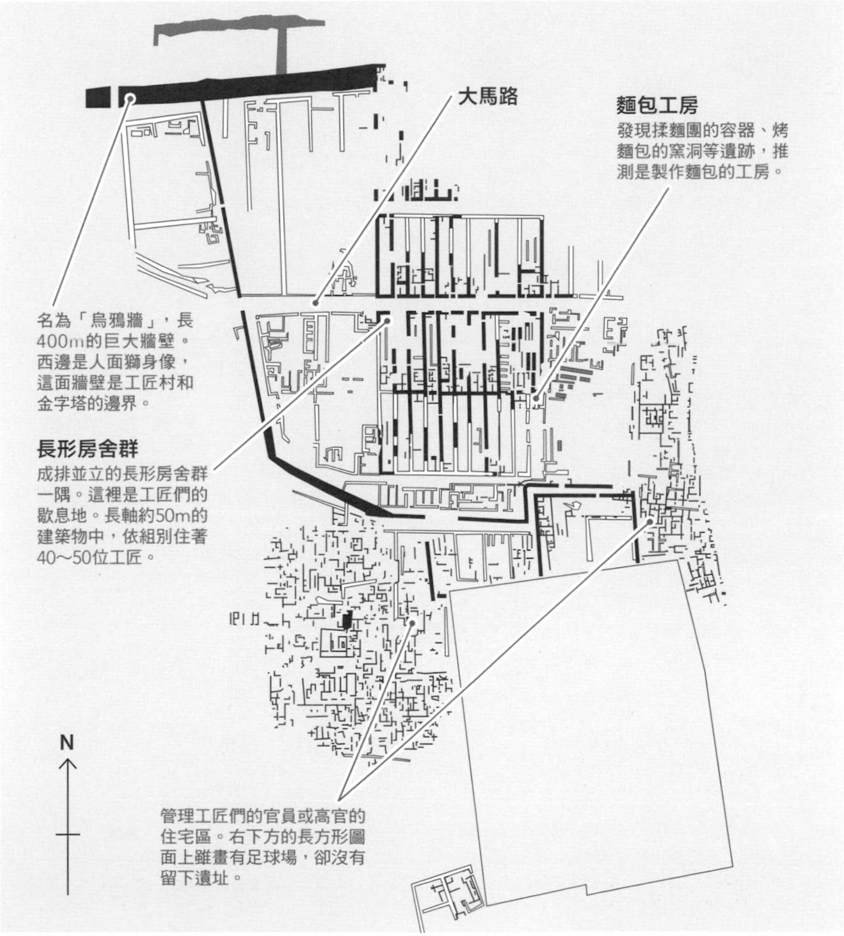

大馬路
麵包工房
發現揉麵團的容器、烤麵包的窯洞等遺跡，推測是製作麵包的工房。
名為「烏鴉牆」，長400m的巨大牆壁。西邊是人面獅身像，這面牆壁是工匠村和金字塔的邊界。
長形房舍群
成排並立的長形房舍群一隅。這裡是工匠們的歇息地。長軸約50m的建築物中，依組別住著40～50位工匠。
N
管理工匠們的官員或高官的住宅區。右下方的長方形圖面上雖畫有足球場，卻沒有留下遺址。

# 左塞爾時期的金字塔

## 興建多次才完成的馬斯塔巴墓

左塞爾的階梯金字塔建造於距今約4600年前，是最早的金字塔。建造這座金字塔時是先以高8m、長63m的馬斯塔巴墓作為底層。首先將這個長方形墓往四邊擴展，接著再繼續往東邊延伸，但這時還只是大了一圈的馬斯塔巴墓。之後才變更成階梯狀設計，往上層層覆蓋馬斯塔巴墓直到4層。最後再增建2層，完成高63m、東西長140m、南北長118m的金字塔。通常金字塔的底部是正方形，但這裡因為重複擴展數次便成了長方形。

地下結構也隨著每次的增建而擴增，所以像迷宮般複雜。有好幾條通道是後世的盜墓者挖的，如今和原本的通道已混淆不清。內部也有墓室，卻未發現法老的木乃伊。

### 階梯金字塔複合體

廣大的圍牆內建有各項設施，都是祈求法老在來世復活的構造。另外，南墓是一座地下結構和主金字塔類似的建築物，藉著複合體內有2座埋葬設施來代表「上下埃及的統治者」。

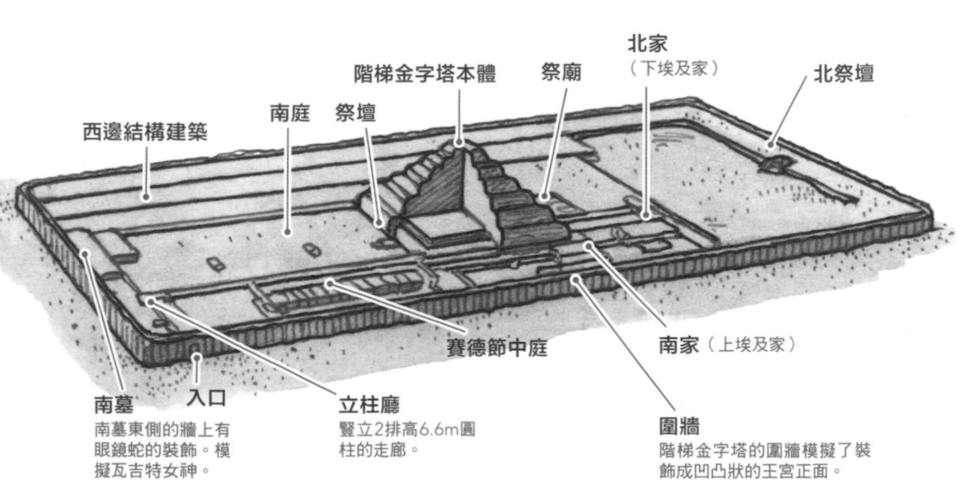


南墓：南墓東側的牆上有眼鏡蛇的裝飾。模擬瓦吉特女神。

立柱廳：豎立2排高6.6m圓柱的走廊。

圍牆：階梯金字塔的圍牆模擬了裝飾成凹凸狀的王宮正面。

# 階梯金字塔內部

增建多次的階梯金字塔內部結構相當複雜，在原本的馬斯塔巴墓下方挖掘了連接墓室的豎坑。另有數條通道自墓室延伸出去，其中一條通往用青磚裝飾的房間。

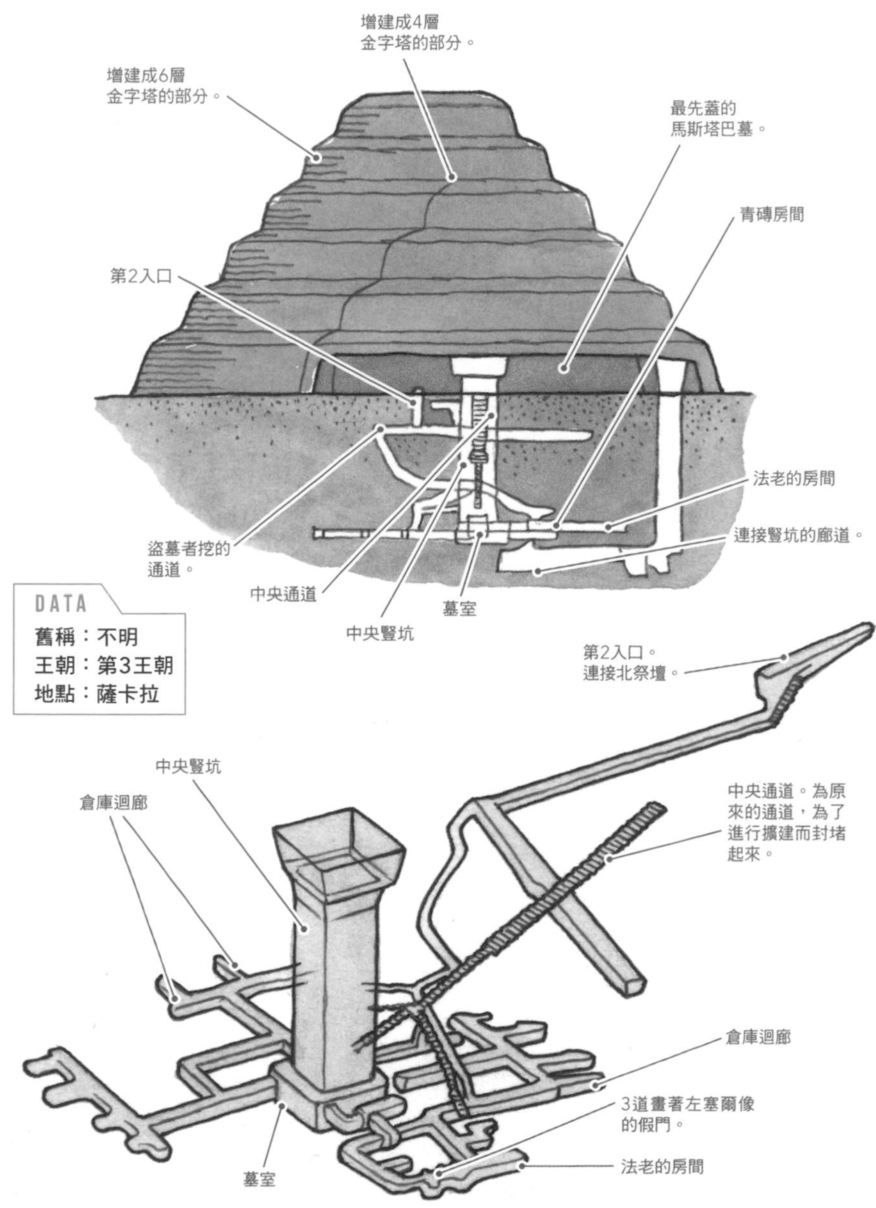


DATA
舊稱：不明
王朝：第3王朝
地點：薩卡拉

# 斯尼夫魯的彎曲金字塔

## 為什麼在興建途中改變斜度？

**形**狀古怪的「彎曲金字塔」其實是在建造途中改變了傾斜角度。原本打算建造的是史上首座真正的金字塔，而不是階梯金字塔。

那麼為什麼會彎曲呢？雖然有人說是法老突然過世所以急著興建，但也有人認為照這樣繼續堆疊石頭的話，金字塔有崩塌的危險，所以減輕了重量。據說內部留有裂縫修補工程的痕跡。原本金字塔的角度是54度，如果繼續蓋下去，或許會成為埃及第一大的金字塔吧。蓋到一半才改成斜角43度的這座金字塔，是現存第4大的金字塔。另外，這座金字塔上下部堆疊的工法也不同，以斜角54度堆疊的下半部是把石頭朝內側疊放的傳統方法，斜角43度的上半部為了減輕重量，挑戰了水平堆疊的新工法。

### 改變傾斜角度與紅金字塔一致

彎曲金字塔的上半部斜角改成43度，和紅金字塔的傾斜角度43度一致。一般認為紅金字塔是在彎曲金字塔的興建途中動工的，水平堆疊的工法也相同。就角度與堆疊工法來說，當初應該認為上半部的形式最好。

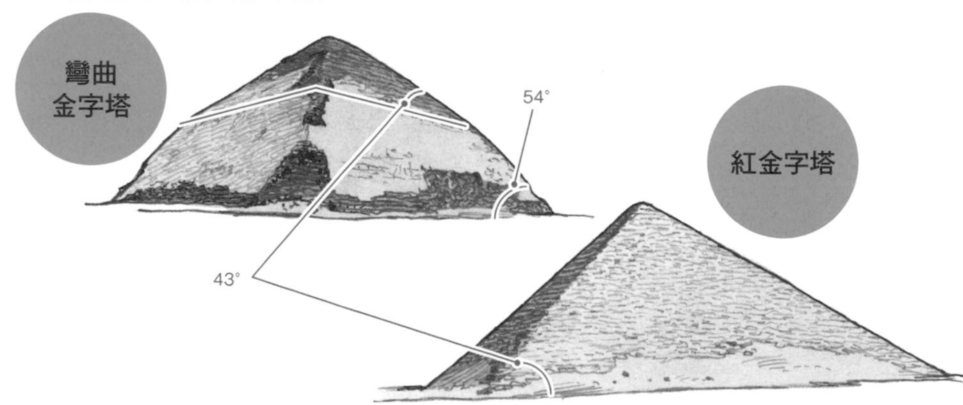

# 彎曲金字塔的構造

最大的特色是有北邊和西邊2個入口。從西邊入口走進去，會先看到閘門裝置，往內則是墓室（放置遺體的房間）。

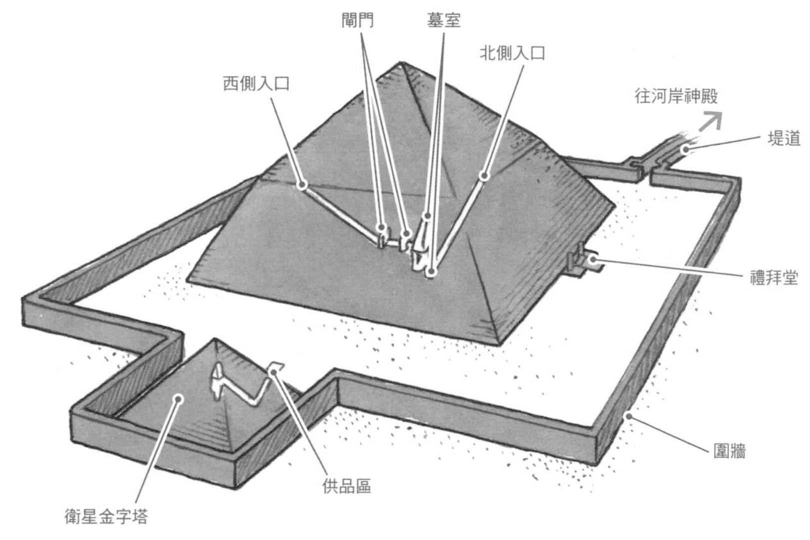


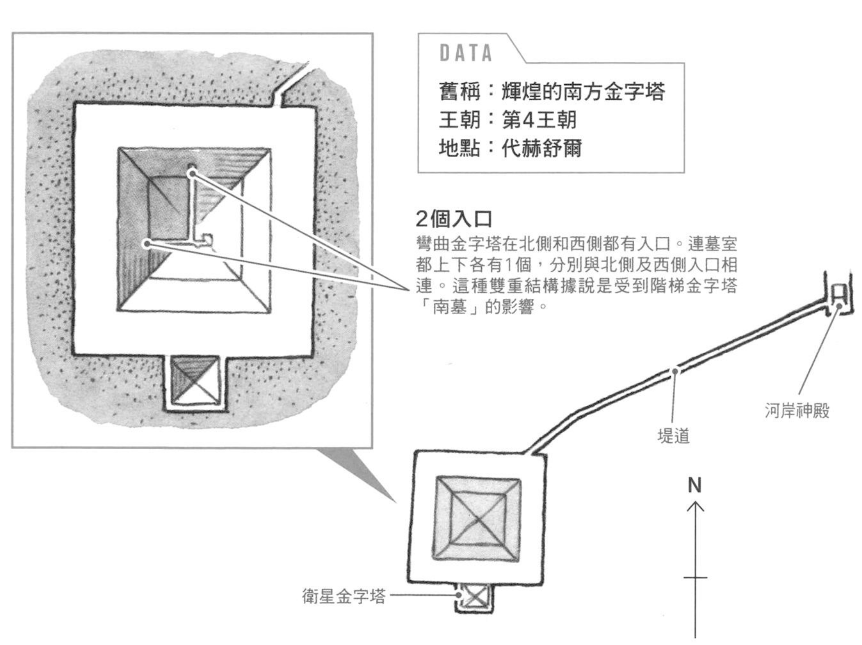


DATA

舊稱：輝煌的南方金字塔
王朝：第4王朝
地點：代赫舒爾

**2個入口**

彎曲金字塔在北側和西側都有入口。連墓室都上下各有1個，分別與北側及西側入口相連。這種雙重結構據說是受到階梯金字塔「南墓」的影響。

# 吉薩三大金字塔

從代赫舒爾到吉薩

## 建造地點從代赫舒爾換到吉薩的理由

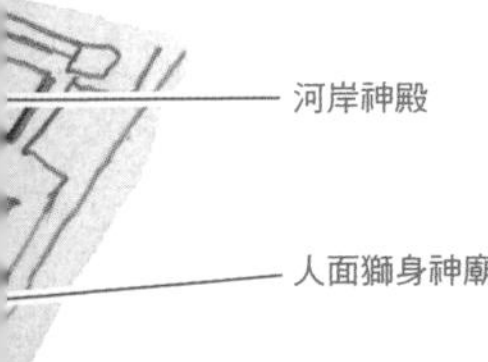


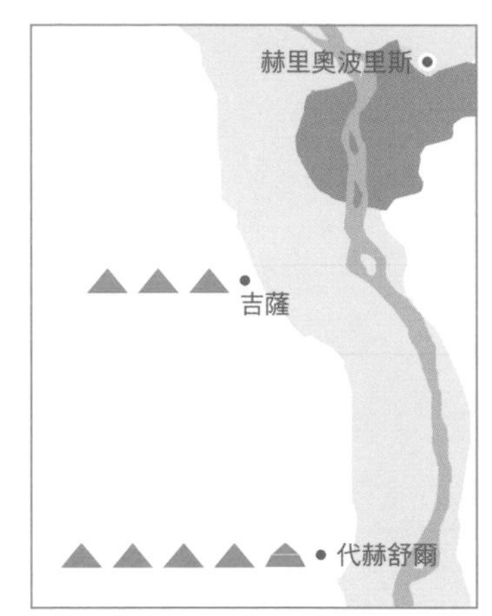


從斯尼夫魯的彎曲金字塔和紅金字塔所在地代赫舒爾往北走就是吉薩。換到吉薩可能是為了更靠近太陽神的信仰中心赫里奧波里斯。

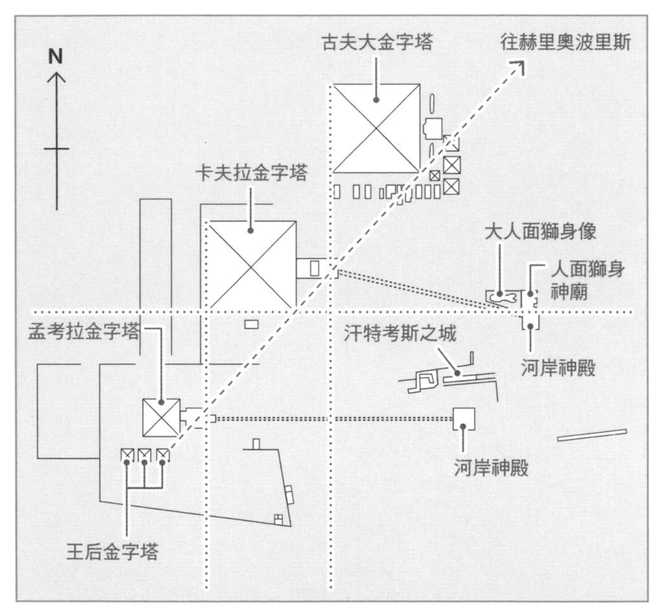


從3個金字塔的配置，可以清楚看出赫里奧波里斯對吉薩三大金字塔的重要性。連結金字塔的東南角，筆直地往東北方前進，就會抵達赫里奧波里斯。

## 三大金字塔的配置（復原圖）

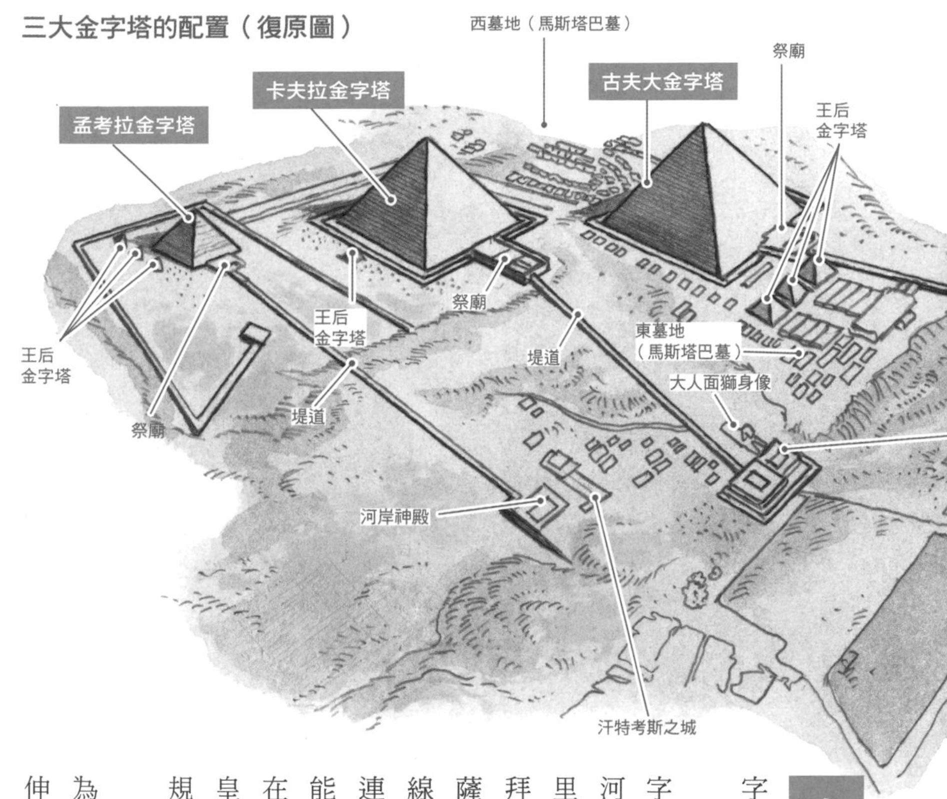


吉薩是目前埃及最大的觀光區。遊客來此必看的景點當屬古夫、卡夫拉、孟考拉的三大金字塔。

吉薩台地幅員遼闊，岩盤堅硬，擁有能承受如金字塔般巨大建築物的地基。吉薩同時也是可遠眺尼羅河對岸位於東北方的赫里奧波里斯的土地。赫里奧波里斯是太陽神信仰的聖地，可能是當時對太陽神的崇拜日益增長，古夫便將埋葬地點從代赫舒爾改到吉薩。代赫舒爾位於吉薩南方，從那裡會被山丘擋住視線而看不到赫里奧波里斯。若將三大金字塔的東南角連成一線延伸出去會連接到赫里奧波里斯，從這點也能看出三大金字塔和太陽神信仰的關係密切。另外，在金字塔周邊有依序排列整齊的馬斯塔巴墓，這些是皇室成員或高官們的墓地，可見吉薩的土地當初便是規劃建設成陵墓區。

古夫和卡夫拉的金字塔建於金字塔巔峰期，正因為如此其複合體之規模無人能敵。堤道到河岸神殿延伸了近1km。

# 古夫金字塔

## 最有名謎團最多的金字塔

別名「大金字塔」的古夫金字塔，其規模及技術堪稱埃及第一。原本金字塔的表面覆蓋著閃亮耀眼的白色石灰岩，卻被洗劫一空。即便如此，這座大金字塔約使用了230萬塊石材建造，平均每塊石材重2・5噸，共堆疊了210層，光這個規模就相當驚人。

擔任金字塔建設指揮官的是古夫的宰相，同時也是他外甥的赫米努。在赫米努的規劃下，連內部構造都相當讓人驚豔。例如用紅色花崗岩石板建成的「法老墓室」，其毫無縫隙緊密堆疊的工法令人稱奇。不光是在這裡看得到精湛的技術，獨立的「減壓室」、集先人智慧之大成的「大迴廊」等，到處都是值得矚目的焦點。

## 王后們的金字塔

在古夫大金字塔的東邊並立著3座金字塔。這是古夫的母親或王后們的陵墓。每座金字塔內都建有墓室和與之相連的通道。目前大多已經崩塌，圖中的虛線是原本的樣貌。

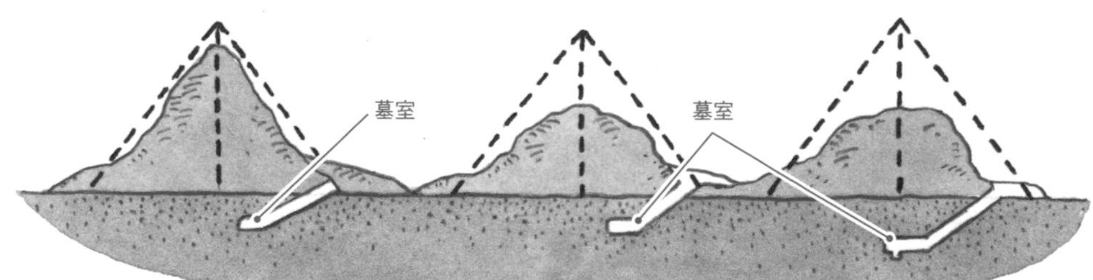


### 荷努森

古夫的王后荷努森的金字塔，是3座金字塔當中現存狀態最好的金字塔。她是斯尼夫魯的女兒、卡夫拉的母親。這座金字塔由兒子所建，比其他2座的建造時間晚。

### 美莉緹絲一世

古夫的王后的金字塔。同時也是在古夫和卡夫拉之間即位的法老雷吉德夫的母親。相鄰的禮拜堂只剩下底座遺跡，不過從那裡發現了美莉緹絲的稱號，研判是屬於她的建築。

### 海特菲莉斯一世

3座當中位於最北端的是古夫母親海特菲莉斯的金字塔。在這座金字塔的北邊發現了豎穴墓，從中出土的陪葬品像山一樣多。

# 古夫的金字塔複合體

和其他金字塔一樣，由神廟、堤道、河岸神殿等設施組成常見的金字塔複合體。但是現在大多都已損壞消失。複合體的東西邊整齊排列著貴族們的馬斯塔巴墓。西邊是官員們，東邊是古夫近親皇族的墓地，由此可知這裡是國家公墓。

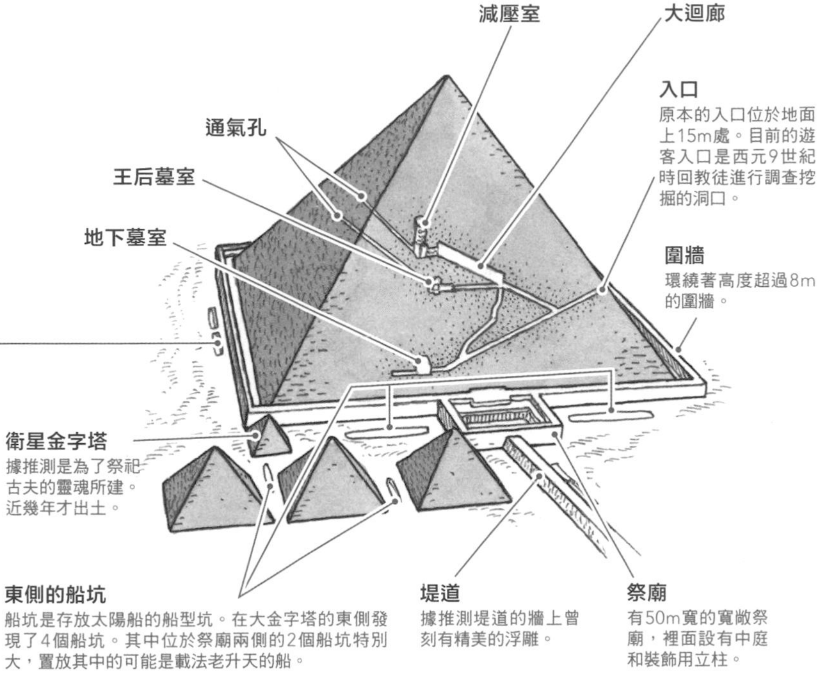

減壓室

大迴廊

通氣孔

王后墓室

地下墓室

**入口**

原本的入口位於地面上15m處。目前的遊客入口是西元9世紀時回教徒進行調查挖掘的洞口。

**圍牆**

環繞著高度超過8m的圍牆。

**衛星金字塔**

據推測是為了祭祀古夫的靈魂所建。近幾年才出土。

**東側的船坑**

船坑是存放太陽船的船型坑。在大金字塔的東側發現了4個船坑。其中位於祭廟兩側的2個船坑特別大，置放其中的可能是載法老升天的船。

**堤道**

據推測堤道的牆上曾刻有精美的浮雕。

**祭廟**

有50m寬的寬敞祭廟，裡面設有中庭和裝飾用立柱。

## 古夫的第一艘太陽船

1954年在大金字塔南端發現的船坑內，有木船的碎片出土。把被解體的零件組裝好後，發現是一艘長43m的大型木船。古埃及人認為法老死後會化身為太陽，搭著「日間船」和「夜間船」2艘太陽船遨遊天際。

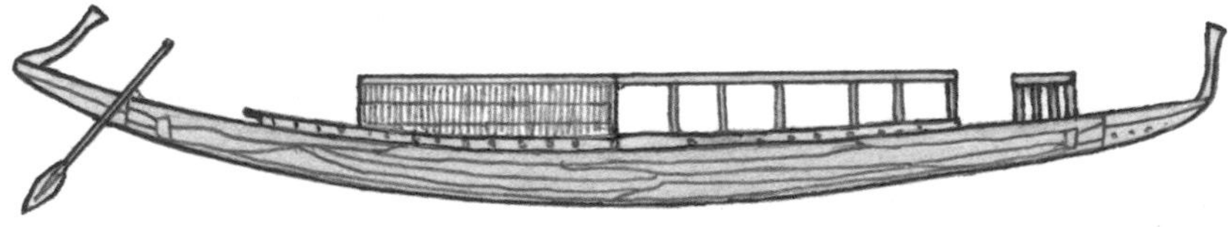

## 構造複雜的金字塔內部

古夫大金字塔以其巨大規模為榮，內部構造也相當複雜，充滿謎團。雖然3間墓室歷經2次設計變更才完工，但據聞這是早就規劃好的項目。另外像減壓室等都是大金字塔才有的結構。

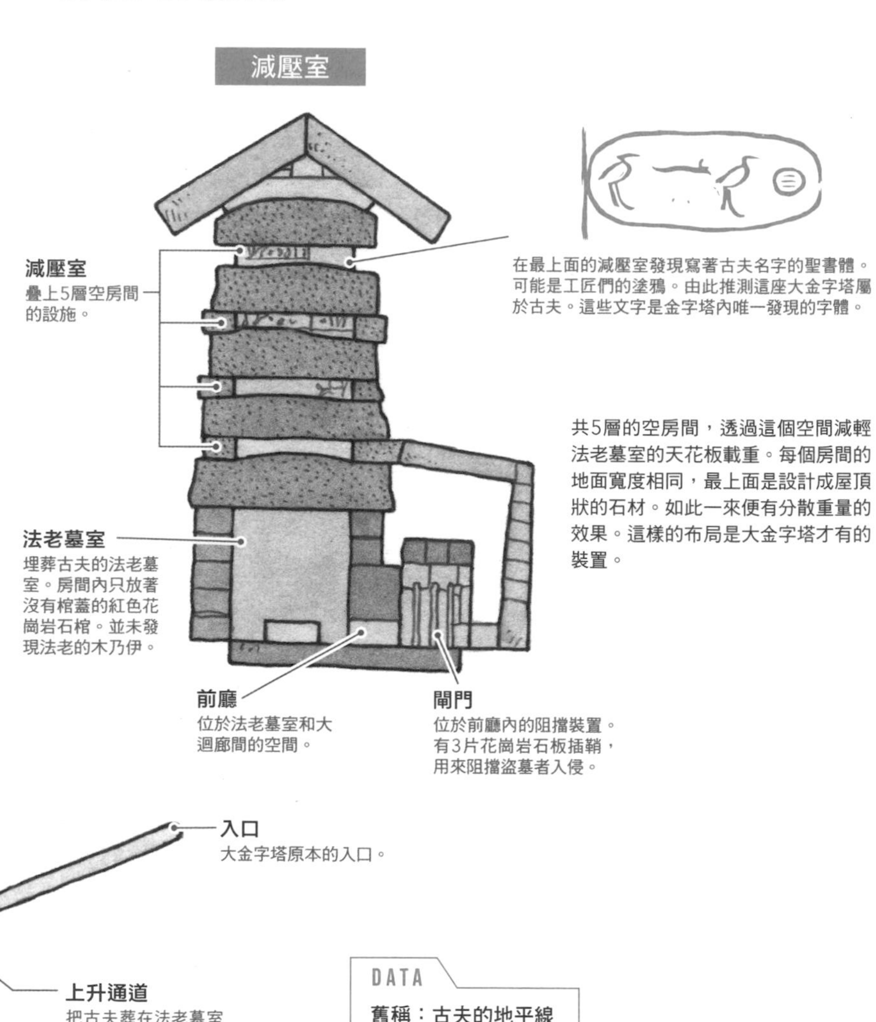

減壓室
減壓室
疊上5層空房間的設施。
在最上面的減壓室發現寫著古夫名字的聖書體。可能是工匠們的塗鴉。由此推測這座大金字塔屬於古夫。這些文字是金字塔內唯一發現的字體。
共5層的空房間，透過這個空間減輕法老墓室的天花板載重。每個房間的地面寬度相同，最上面是設計成屋頂狀的石材。如此一來便有分散重量的效果。這樣的布局是大金字塔才有的裝置。
法老墓室
埋葬古夫的法老墓室。房間內只放著沒有棺蓋的紅色花崗岩石棺。並未發現法老的木乃伊。
前廳
位於法老墓室和大迴廊間的空間。
閘門
位於前廳內的阻擋裝置。有3片花崗岩石板插銷，用來阻擋盜墓者入侵。
入口
大金字塔原本的入口。
上升通道
把古夫葬在法老墓室後，用石頭堵住大迴廊和上升通道。

**DATA**

舊稱：古夫的地平線
王朝：第4王朝
地點：吉薩

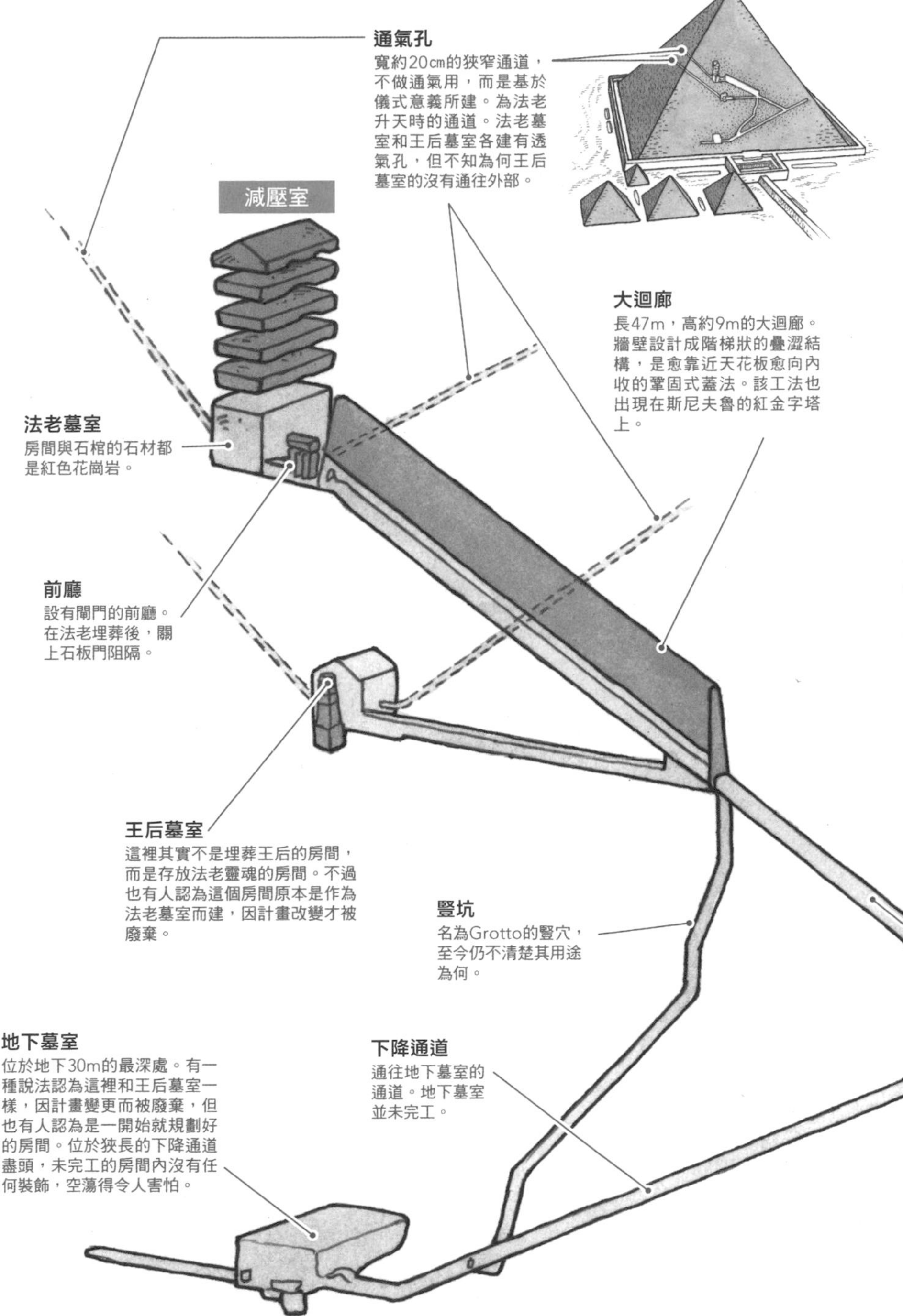
通氣孔
寬約20cm的狹窄通道，不做通氣用，而是基於儀式意義所建。為法老升天時的通道。法老墓室和王后墓室各建有透氣孔，但不知為何王后墓室的沒有通往外部。
減壓室
大迴廊
長47m，高約9m的大迴廊。牆壁設計成階梯狀的疊澀結構，是愈靠近天花板愈向內收的穹固式蓋法。該工法也出現在斯尼夫魯的紅金字塔上。
法老墓室
房間與石棺的石材都是紅色花崗岩。
前廳
設有閘門的前廳。在法老埋葬後，關上石板門阻隔。
王后墓室
這裡其實不是埋葬王后的房間，而是存放法老靈魂的房間。不過也有人認為這個房間原本是作為法老墓室而建，因計畫改變才被廢棄。
豎坑
名為Grotto的豎穴，至今仍不清楚其用途為何。
地下墓室
位於地下30m的最深處。有一種說法認為這裡和王后墓室一樣，因計畫變更而被廢棄，但也有人認為是一開始就規劃好的房間。位於狹長的下降通道盡頭，未完工的房間內沒有任何裝飾，空蕩得令人害怕。
下降通道
通往地下墓室的通道。地下墓室並未完工。

# 卡夫拉與孟考拉的金字塔

## 金字塔的發展到衰退

在古夫的金字塔之後，是規模略小卻光采依舊的卡夫拉金字塔。這座金字塔上方還殘留著裝飾用的白色光滑石灰岩，而古夫金字塔的已經消失。當時整座金字塔都包覆著白色外殼，那模樣該是多麼壯麗啊。卡夫拉金字塔的內部結構簡單，和古夫金字塔不同，不在高於地面的位置設置房間。據說是因為興建時內部出現裂縫，才採用這種單純的構造。

繼卡夫拉之後是規模只有古夫金字塔的四分之一、開始出現衰退光景的孟考拉金字塔。這座金字塔的底下16層採用紅色花崗岩的外包石塊，上層用白色石灰岩的外包石塊堆疊成混合色系，工法細緻講究，目前還保留下部分的花崗岩。另外還發現了多座精良的法老雕像，特別強調裝飾性與宗教性的部分。

### 卡夫拉的金字塔構造

最大的特色是有2個入口，其中一個和地面等高，另一個位於地上12m處。雖然不清楚原因，但有人認為是中途縮小金字塔底座所造成。

DATA
舊稱：偉大的卡夫拉
王朝：第4王朝
地點：吉薩

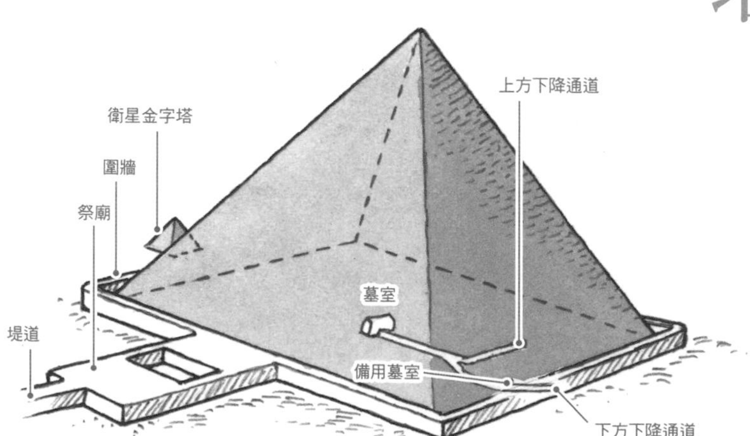

## 大人面獅身像與神廟

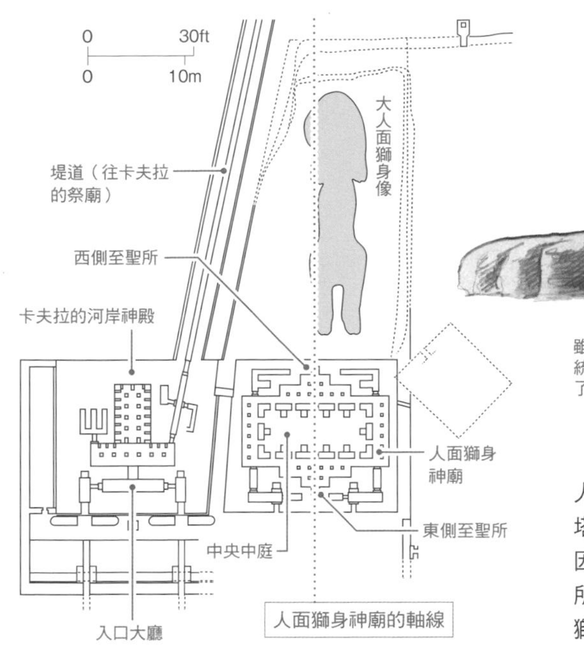


雖然有人認為大人面獅身像建於卡夫拉統治時期前，但整齊的神廟與配置證明了卡夫拉為建造者。

人面獅身神廟和卡夫拉的金字塔複合體河岸神殿比鄰而建。因為是為人面獅身建的神廟，所以神廟的軸線幾乎沿著人面獅身像的南側直線來配置。

## 孟考拉的金字塔構造

入口位於地上4m處，沿著通道前進就會到達閘門前方的前廳。據說這裡是原本的墓室。前廳再往前走是墓室，室內曾放置石棺。這具石棺在19世紀的運送途中，因船隻沉入地中海而遺失。

**DATA**
舊稱：神聖的孟考拉
王朝：第4王朝
地點：吉薩

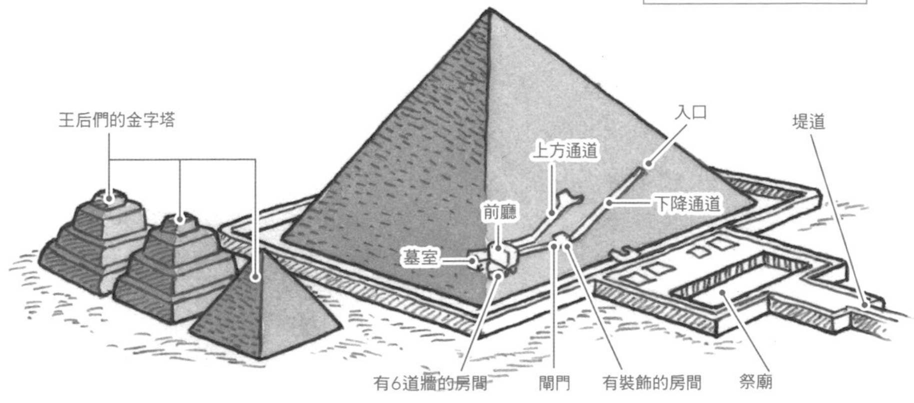

從金字塔到岩石墓穴

# 「帝王谷」的位置

**新**王國第18王朝在其出身地底比斯的西岸興建陵墓。在哈特謝普蘇特時代變成固定節日的「奧佩特節」，便是卡奈克神廟的阿蒙神前往南方的路克索神廟拜訪妻子穆特女神，短暫停留後再回到卡奈克的慶典。從哈特謝普蘇特時期在卡奈克・阿蒙神廟設置面南的第7塔門，也能推斷該慶典的起源。

另外，哈特謝普蘇特在尼羅河西岸的代爾埃爾巴哈里修建祭廟，和卡奈克・阿蒙神廟隔岸相對，再次確立了源自中王國時期的「美麗山谷饗宴」的東西軸線。連接卡奈克和代爾埃爾巴哈里，再往西方延伸，就是法老陵墓區「帝王谷」的位置。同樣地，和路克索神廟相對而立的麥迪奈哈布神廟背後，便定為王后陵墓區「王后谷」。

## 壁畫裝飾

在帝王谷岩石墓穴的天花板和牆上刻有碑文或壁畫。第18王朝的陵墓相較之下大多沒有裝飾，只在特定地點刻上眾神和法老的壁畫，或是在墓室書寫「來世之書」等葬禮經文。在深約5m的井道上有部分刻畫著法老與眾神的圖像。到了第19、20王朝，增加了更多宗教經書的壁畫。墓室的天花板上畫著天體圖，當中以拱極星為中心的北天圖最有名。也有描繪「通道之書」的壁畫。

第19王朝麥倫普塔陵墓內的壁畫。太陽神拉哈拉胡提站在法老前面，可看出法老和太陽神之間的連結。

# 新王國時代的法老長眠地帝王谷

在帝王谷興建陵墓始於第18王朝的哈特謝普蘇特。之後除了短暫的阿瑪納時代外，直到第20王朝的拉美西斯十一世為止都在此地修建陵墓。帝王谷分成東谷和西谷，西谷有第18王朝阿蒙霍特普三世（KV22）等阿瑪納時代前後的陵墓。下圖為西谷的部分。

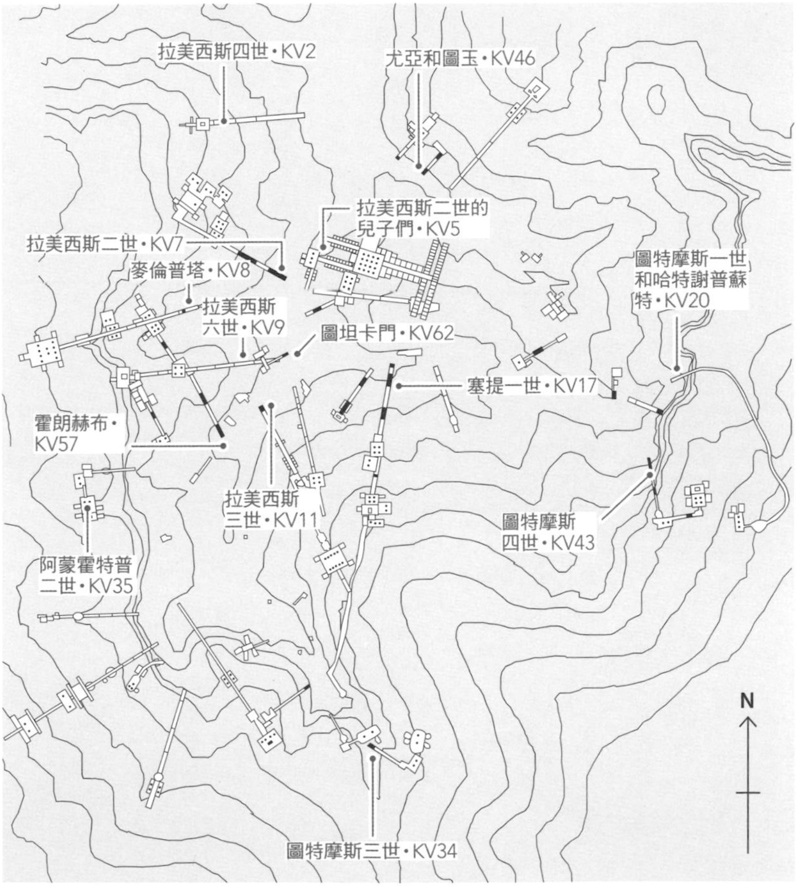

拉美西斯四世・KV2
尤亞和圖玉・KV46
拉美西斯二世的兒子們・KV5
拉美西斯二世・KV7
麥倫普塔・KV8
拉美西斯六世・KV9
圖坦卡門・KV62
塞提一世・KV17
圖特摩斯一世和哈特謝普蘇特・KV20
霍朗赫布・KV57
拉美西斯三世・KV11
圖特摩斯四世・KV43
阿蒙霍特普二世・KV35
圖特摩斯三世・KV34
N

# 號稱帝王谷最雄偉的陵墓
# 塞提一世墓

第19王朝第二任法老塞提一世的陵墓，是帝王谷中規模最長的墓地，壁畫的保存狀態也良好。1817年貝爾佐尼發現這座陵墓時，內部的壁畫狀態相當精美，但他們卻破壞現場，割取狀態優良的壁畫運送到歐洲的美術館。

## 塞提一世

塞提一世在美術史上的功績有復興阿瑪納之後的傳統藝術表現，以及創造了融入阿瑪納時代特殊浮雕工法的造型。代表作便是這座陵墓和建於阿拜多斯的祭廟。除了美術外，塞提一世的木乃伊也被譽為保存狀態良好、容貌最完美的木乃伊。為了避免破壞，木乃伊被搬到代爾埃爾巴哈里的隱密處（DB320※），陵墓出土時並不在墓室內。

※「DB」=代爾埃爾巴哈里的簡稱。

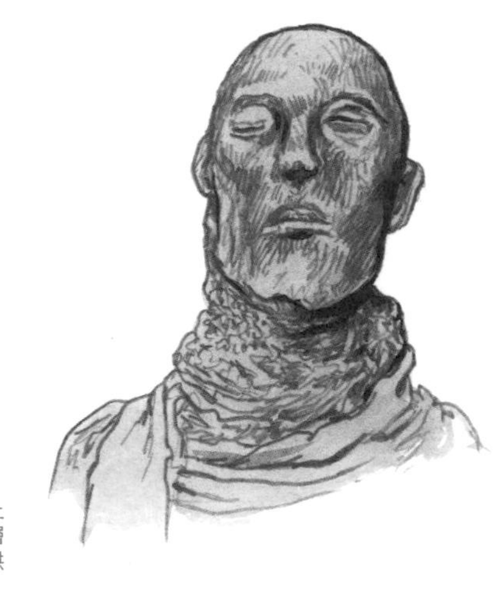

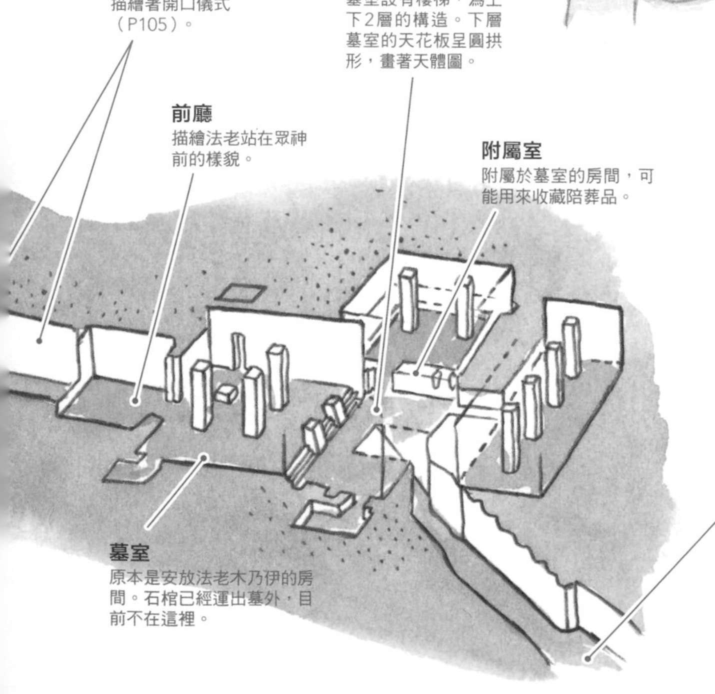

## 天花板上的天體圖

塞提一世的陵墓中最值得一提的便是描繪於墓室的天體圖。第19、20王朝時代，會把裝殮屍體的石棺放置於墓室，並在墓室或通道的天花板上描繪北天圖，但多數保存狀態不良。

名為Mesechtiu的公牛，代表北斗七星。

代表星星的紅色圓點是經過設計的圖樣，和實際的星辰排序不同。

背著鱷魚的河馬，在北半球的星座中代表天龍座。

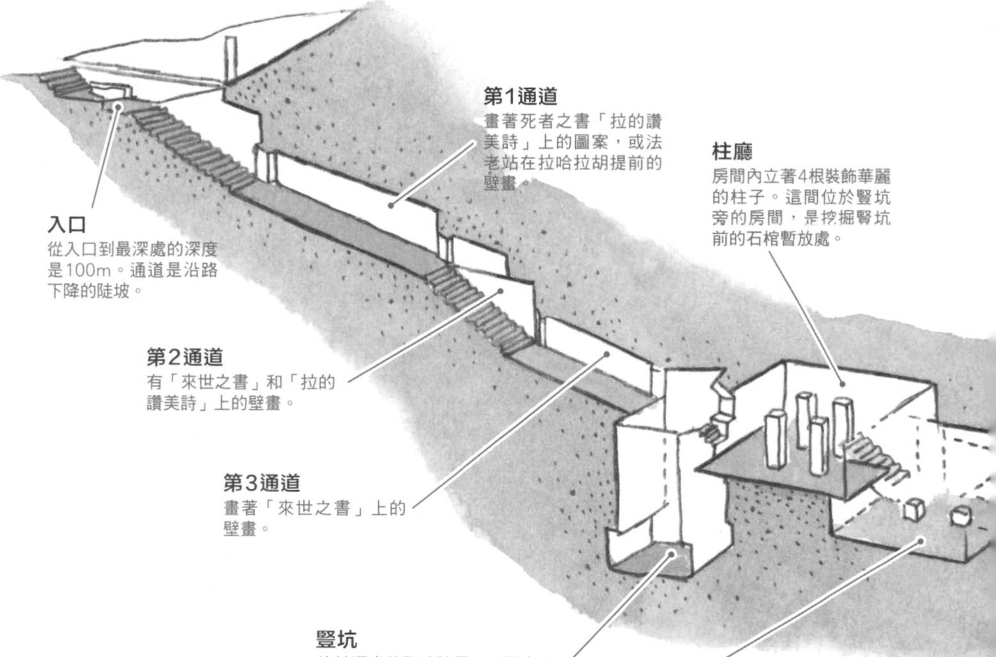

**第1通道**
畫著死者之書「拉的讚美詩」上的圖案，或法老站在拉哈拉胡提前的壁畫。

**柱廳**
房間內立著4根裝飾華麗的柱子。這間位於豎坑旁的房間，是挖掘豎坑前的石棺暫放處。

**入口**
從入口到最深處的深度是100m。通道是沿路下降的陡坡。

**第2通道**
有「來世之書」和「拉的讚美詩」上的壁畫。

**第3通道**
畫著「來世之書」上的壁畫。

**豎坑**
位於深處的豎坑除了可以防止雨水浸濕外，還能欺騙盜墓者，讓他們誤以為坑穴底下藏有墓室。牆面上畫著站在眾神前的法老。

**備用室**
塞提一世墓最先引進備用室，可能是附屬於柱廳的偽墓室。雖然有2根柱子底座，卻是無上色的未完工狀態。

COLUMN 古埃及學的功臣②

# 馬里埃特

François Auguste Ferdinand Mariette
（1821～1881年）

## 推動就地保護文化遺產

法國籍埃及學者。1851年首度遠赴埃及停留4年，為法國羅浮宮收集莎草紙文獻。1857年再度前往埃及，並於1858年擔任埃及考古局的第一任局長。馬里埃特提出文化遺產應該留存當地保管的政策。於是，在1863年改建開羅布拉克地區的倉庫以收藏考古文物，這是催生出開羅埃及博物館的第一步。馬里埃特為了收集博物館的展示文物，以薩卡拉的塞拉比尤姆為首，開始在埃及全境進行考古挖掘工作，挖出許多座現存於開羅埃及博物館的雕像，如第4王朝的拉霍特普和諾弗雷雕像等等。

1867年他在巴黎舉辦的萬國博覽會中展出古埃及的文物，但是馬里埃特因為拒絕拿破崙三世王妃的古物贈與要求，法國便中止了對他的金援。

馬里埃特因為糖尿病惡化，1881年1月在開羅過世。在開羅解放廣場附近的開羅埃及博物館設有他的雕像，其遺體就長眠在雕像前的埃及風格石棺內。

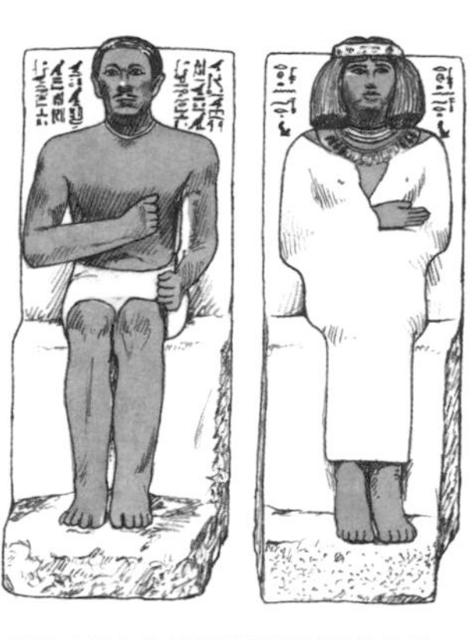

馬里埃特在美杜姆的馬斯塔巴墓中發現了拉霍特普和諾弗雷的雕像。這座雕像和右圖的卡夫拉雕像，堪稱埃及的藝術傑作。

挖出位於吉薩的卡夫拉金字塔之河岸神殿，也是馬里埃特的功績之一。他還在紅色花崗岩打造的美麗河岸神殿中，發現了閃長岩製的知名卡夫拉雕像。

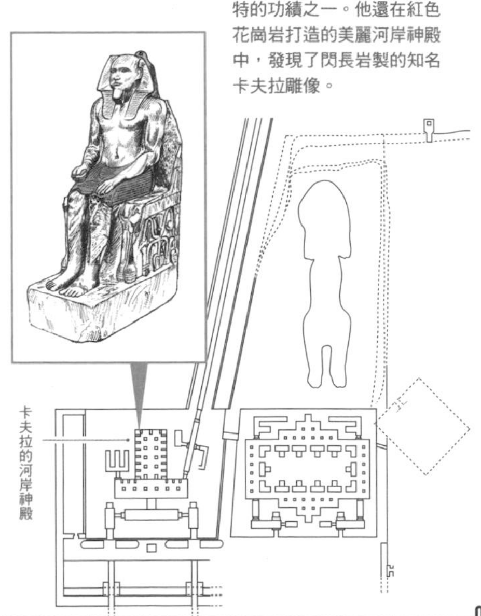

# 木乃伊與古埃及的生死觀、多神信仰

# 古埃及的生死觀

## 追求永遠的生命

古埃及人祈求死後能重生、復活，獲得永生。從先史先王朝時代起便會舉辦隆重的埋葬儀式。先王朝時代後半開始，菁英階層興起，社會結構趨向複雜，身分差異的出現也影響到墓地的大小。墓地範圍擴大後，在大多數的橢圓形豎穴墓中出現了大型的矩形（方形）墓。雖然至今採取的自然乾燥木乃伊保存法依舊可行，但因墓地的擴大使得遺體乾燥緩慢、腐化為白骨，於是發展出人造木乃伊的作法。

直到古王國時代，死後重生、復活的權利都僅限於法老或皇室等部分統治階層，但是古王國時代一結束，隨著歐西里斯信仰的普及，人造木乃伊的製作也推廣至底層社會。接著歷經中王國時代，第二中間時期末年「死者之書」完成，確立了埃及人的生死觀。

## 為了死後重生製作木乃伊

古埃及人製作木乃伊，是希望死後可以重生復活，獲得永恆的生命。戴著阿努比斯神面具的木乃伊製作師，會從亡者的遺體取出心臟以外的臟器與腦髓，他們會切開側腹摘取內臟，再破壞鼻孔裡面的骨頭抽出腦髓。

把亡者放在裝飾著獅子的身體與腳的靈床上，進行木乃伊的處理作業。
木乃伊製作師戴著木乃伊製作神阿努比斯（P115）的面具進行處理。

# 5種組成人類的必備元素

對古埃及人而言，人類由5種不可欠缺的元素組成，分別是「巴」、「卡」、「阿克」、「名字」和「影子」。這5種元素對於人類的存在而言，不僅是活人的肉體所需要的，在生前和死後2個世界中也是必備的存在。

## 巴（ba）

以人頭鳥身的姿態現身。代表個體獨一無二的精神部分。人類死後會被製成木乃伊埋進墓裡，雖然亡者的肉體無法行動，但巴可以飛離肉體自在翱翔。

## 卡（ka）

卡的聖書體文字是「雙臂高舉」。卡也是靈魂般的存在，會接受墓地的供品，負責維持生命力。一般都將獻給亡者的供品放在陵墓的假門前，假門前會放置亡者的雕像（卡像）。在祭文中會誦讀供品不是獻給亡者本人，而是給亡者的卡。

亡者的肉體與巴。巴可以離開亡者身體自由活動。
躺著不動的亡者。

## 阿克（akh）

「阿克」是巴和卡結合產生的元素。變成阿克後就會變成永遠不滅的恆久存在。為亡者在陰間生活時的形體。

## 影子（shwt）

對所有人類而言，「影子」的存在也是重要元素。名為shwt的影子具有保護人類免於危害的功用。

## 名字（ren）

「名字」是相當重要的元素。當時認為沒有名字就無法正式成為人類。

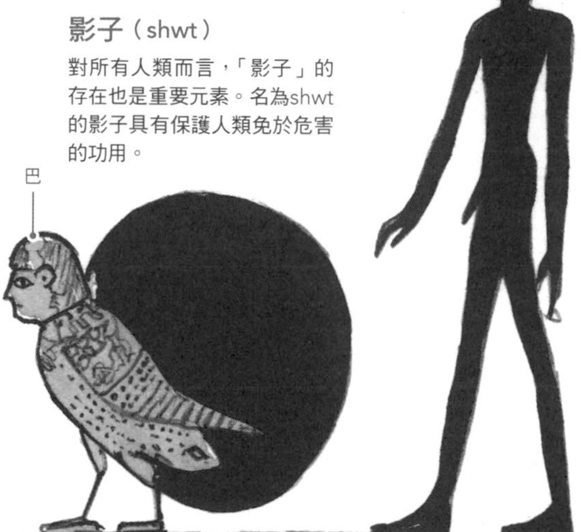

站在門前的影子。
被巴引導著。
巴

## 「死者之書」記錄著讓亡者在來世復活的咒語

在第二中間時期末年完成的「死者之書」，是古埃及的代表性喪葬文獻。為「生活瑣事（之咒語，prt m hrw）」的通稱。由200篇左右指導亡者如何在來世復活的文章（咒語）所組成。寫在莎草紙卷軸上，放入墳墓陪葬。自新王國第18王朝圖特摩斯四世以後開始附上插圖。下圖是「死者之書」第125章的插圖。

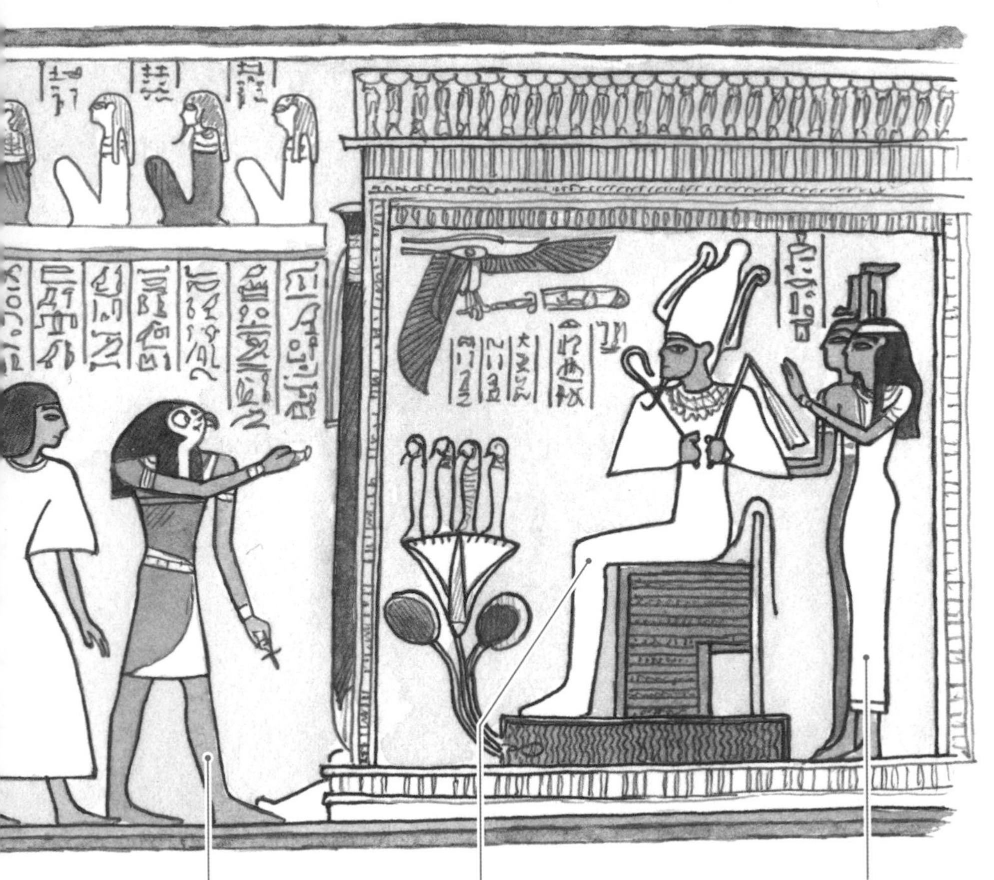

**荷魯斯神**

荷魯斯神是歐西里斯神和伊西斯女神的兒子。介紹站在背後的亡者給歐西里斯神。

**歐西里斯神**

量完心臟的重量後，亡者會來到歐西里斯神面前。歐西里斯神坐在寶座上。歐西里斯神前面畫著荷魯斯的4個兒子。

**伊西斯、奈芙蒂斯女神**

歐西里斯神的妹妹兼妻子伊西斯女神和妹妹奈芙蒂斯女神站在他的身後迎接亡者。

**眾神**
赫里奧波里斯9柱神（P111）與陪審的42位神明。亡者會在眾神前誦讀「犯罪否定告白」，表示生前並無犯罪。

**天平秤心**
把亡者的心臟和宇宙真理女神瑪亞特的羽毛放在天平上秤重。是否取得平衡和重量無關。

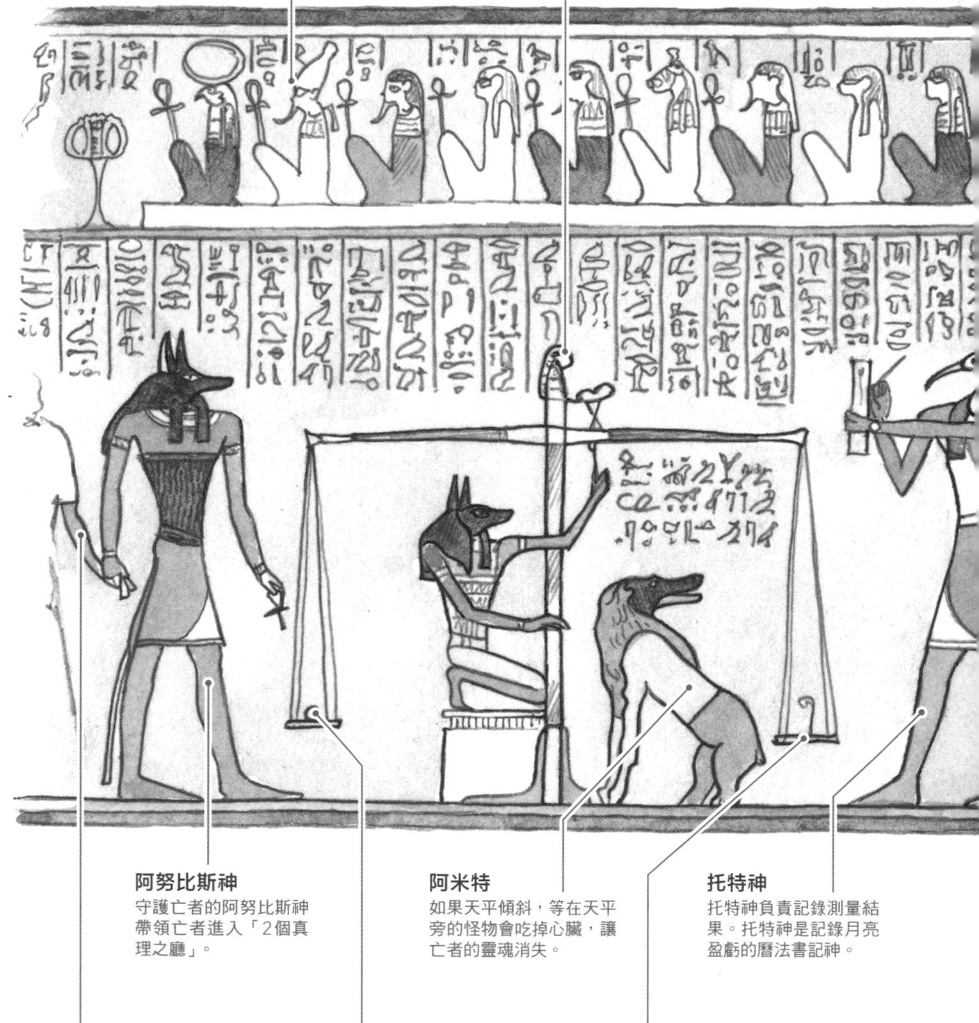

**阿努比斯神**
守護亡者的阿努比斯神帶領亡者進入「2個真理之廳」。

**阿米特**
如果天平傾斜，等在天平旁的怪物會吃掉心臟，讓亡者的靈魂消失。

**托特神**
托特神負責記錄測量結果。托特神是記錄月亮盈虧的曆法書記神。

**亡者**
跟著阿努比斯神來到秤心場所。

**心臟**
將亡者的心臟和瑪亞特的羽毛放在天平兩端測量。

**羽毛**
真理女神瑪亞特的羽毛。和亡者的心臟秤重。

# 木乃伊的製作法

## 保存遺骸的埃及人造木乃伊

### ④使用泡鹼脫水

使用名為泡鹼的碳酸鹽礦物讓遺體乾燥、脫水。在遺體的內部填滿泡鹼，整具遺體也塗上泡鹼後再乾燥40天。

### ⑤整形

遺體乾燥後呈現骨皮相連的狀態，所以要再次清洗遺體並塗上香油和樹脂，把木屑填入空洞的腹部，假眼裝入凹陷的眼窩等，進行恢復生前樣貌的工序。

### ⑥裹布條

小心地纏上亞麻製布條。分別包裹好頭部、軀幹、腳、手等身體各部位後，再用大布條纏繞全身。有時候會把生前穿過的衣服剪成大布條重複使用。

### 各種護身符

把亡者遺體做成木乃伊保存好後，為了確保亡者能重生、復活，會在遺體身上掛各種護身符。有些會包進布條間。也可說是祈求務必重生的表現。

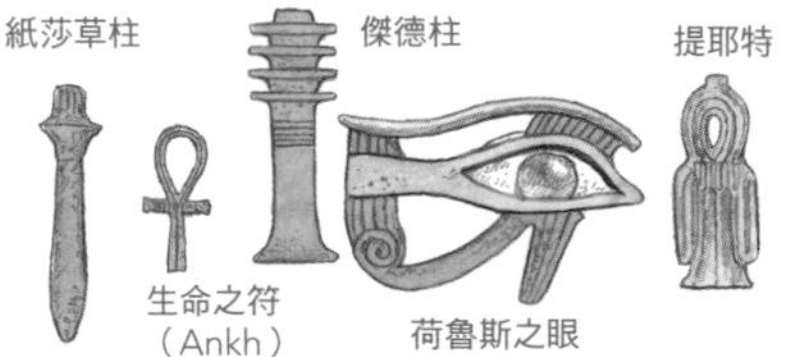


為了在來世重生復活，獲得永恆的生命，古埃及人於反覆的嘗試摸索中，找到了木乃伊的最佳製作法。以往都認為人造木乃伊源自於王朝時代，但近年來有研究指出最晚在先王朝時代末期就有在製作人造木乃伊。學者發現在製造人造木乃伊之前，就已經有好幾具自然乾燥木乃伊。從最近的研究中已經得知這些木乃伊有刺青的痕跡。一般認為製作木乃伊的原因是進入王朝時代後，隨著墓地規模擴大，導致遺體腐壞化為白骨。另外，古埃及自中王國時代以後民間普遍信仰歐西里斯神，木乃伊的製作也隨之盛行。

即便是新王國時代、第三中間時期及末期王朝時代，仍有大量的木乃伊製成。也陸續出現「死者之書」卷軸、卡諾卜罈、夏布提人偶、護身符等陪葬品。希羅多德的《歷史》中記載木乃伊的做法有類似松、竹、梅的等級差異，但在檢查出土的木乃伊後，發現貧富差距和木乃伊等級差異之間的關聯性不可一概而論。

## 木乃伊製作工序

### ①取出腦髓

取攪拌棒伸入鼻孔內部破壞顱骨，把腦髓攪拌成液體後倒出。埃及人認為主宰情感或思想的是心臟，所以不重視大腦。

### ②摘除內臟

用石刀劃開左側腹摘除內臟。因為心臟要和瑪亞特的羽毛秤重，故不取出放回原位。

### ③洗淨、倒入樹脂

用亞麻布或莎草紙洗淨遺體內外。把加熱成液體狀的樹脂倒入空無一物的頭部。樹脂會在頭內冷卻凝固成形。

### 保存內臟的卡諾卜罈

在摘取的內臟中，拿出肝、胃、肺、腸4種器官放入卡諾卜罈保存。4種容器的蓋子分別做成「荷魯斯的4位兒子」的4柱神頭型。因為大腸等內臟的體積較大，有時候會放不進容器內。

**多姆泰夫**
**（胡狼）**
胡狼頭，看管胃的神祇。放在東方，由奈斯女神守護。

**哈碧**
**（狒狒）**
狒狒頭，看管肺的神祇。放在北方，由奈芙蒂斯女神守護。

**凱布山納夫**
**（鷹）**
鷹頭，看管腸子的神祇。放在西方，由塞勒凱特女神守護。

**艾姆謝特**
**（人）**
人頭，看管肝臟的神祇。放在南方，由伊西斯女神守護。

## 法老的木乃伊

第三中間時期，將法老的木乃伊從帝王谷移至隱密的墓穴安放。1870年盜墓集團發現代爾埃爾巴哈里的隱密墓穴（DB320），卻因為內鬨讓考古局在1881年得知，經調查挖出圖特摩斯三世、塞提一世、拉美西斯二世等10具法老的木乃伊。1898年又在帝王谷阿蒙霍特普二世陵墓內部出土阿蒙霍特普三世等9具法老木乃伊。

拉美西斯五世的木乃伊。手部交叉擺放成歐西里斯神的姿勢。是為了讓法老在死後和歐西里斯神合而為一。

左側腹部有摘取內臟時切開的痕跡。

## 送葬隊伍及墓前的重要儀式

### 送葬隊伍

把製成木乃伊的亡者遺體送往尼羅河西岸的墓地。隨行人員帶著要放入墓中的陪葬品，排成長列從港口走向墓地。

阿蒙霍特普三世的宰相Ramose墓中的壁畫。描繪運送供品前往墓地的隨從隊伍。

面向送葬隊伍悲泣的哭喪女。藉由女人們頭部位置分布密集、有高有低來代表感情起伏，強調深切的悲痛。

送葬隊伍抬著安置木乃伊棺木的方形木棺，以及放入墓地陪葬的家具、各種容器、布料、食材等物品。

第19王朝書記官阿尼「死者之書」插圖中的送葬隊伍。

亡者親友跟著安放死者棺木的方形木棺前往墓地。

在放置遺體的方形木棺上畫著伊西斯女神和娜芙蒂斯女神保護遺體。

亡者的親友列隊跟著木乃伊棺木走向墓地。由9位亡者的朋友搬運棺木。

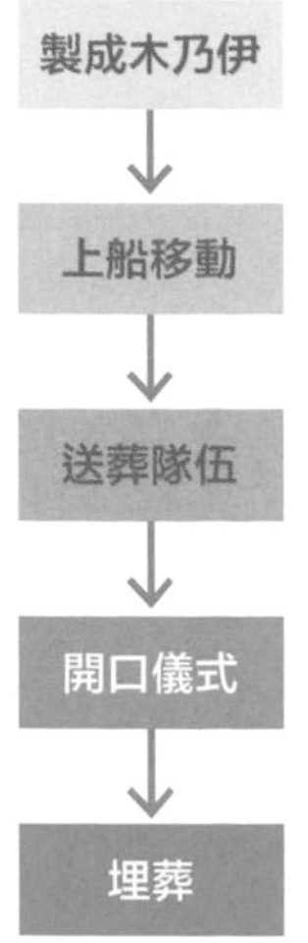


## 開口儀式

遺體埋葬到陵墓前，在前庭舉行的重要儀式。用斧頭碰觸亡者木乃伊的口部，喚醒亡者的五感。透過這個儀式，讓亡者能飲食供品及聽到誦念的祭文。

圖坦卡門陵墓裡的壁畫，對製成木乃伊的圖坦卡門進行開口儀式。
下任法老王阿伊披著代表喪主的豹皮，站在圖坦卡門的木乃伊前，以法老繼承人的身分執行開口儀式。
圖坦卡門的木乃伊透過開口儀式，就能恢復五感食用供品。

古埃及法老王的喪葬儀式是什麼樣子呢？以下以新王國時代的陵墓區底比斯為例來介紹。

法老一即位就會開始在帝王谷修建陵墓。目前尚不清楚如何選定陵墓的位置，只知道古埃及人會在帝王谷的岩石山區挖鑿岩窟墓穴。

有時會遇到法老突然暴斃的情況，一旦法老過世，就要停止修墓工程，準備埋葬作業。製作法老的木乃伊通常要70天，這段期間便會同時為陵墓進行最後的裝飾及準備陪葬品。

木乃伊完成後就要埋入帝王谷的陵寢，遺體會藉由船隻從尼羅河東岸運至陵墓所在的西岸。渡過尼羅河到西岸象徵著亡者進入陰間。抵達西岸後送葬隊伍便會朝著帝王谷前進。送葬隊伍中有哭喪女及搬運陪葬品入墓的隨從。

遺體入土前，披著豹皮的喪主會在墓前執行開口儀式，藉由該儀式喚醒亡者的五感，讓亡者得以食用供品。

# 法老的陪葬品

## 讓逝者過陽間般的生活

### 讓亡者帶到陰間的各項陪葬品

隨著遺體一起陪葬在陵墓內的各項用品，對法老的入土而言具有相當重要的意義。陪葬品和陵墓的規模無關，幾乎都是既定的品項。接著便以圖坦卡門的陵墓為例來介紹。

木製的夏布提人偶。在圖坦卡門陵墓中發現了413個大小材質不同的人偶。

#### 夏布提人偶

死後供主人使喚的僕人人偶，出現於中王國時代後期。在新王國時代，「死者之書」的第6章名為「夏布提篇」，人偶會在陰間幫主人從事農務等勞力工作。

為了讓亡者即便在來世也能如生前般衣食無虞，古埃及人會在墓中放入各種陪葬品。這些放進墓地的物品，大致可分成全新的備品和亡者生前使用過的遺物2種。

可惜的是，帝王谷的陵墓幾乎都遭盜墓賊光顧過，盜走了許多墓內的豪華陪葬品。不過，我們還是可以從只歷經過一兩次輕微偷盜，尚且幾乎屬於未遭竊狀態的圖坦卡門陵墓陪葬品中，推測出當時放入法老陵墓內的物品。圖坦卡門的陵墓中，有多達數千件的陪葬品，包括金碧輝煌的寶物飾品和家具、雙輪戰車（Chariot）、模型船、武器、衣服、葡萄酒和肉等食材。

由於圖坦卡門的陵墓規模比其他陵墓小很多，曾有人提出那其他大規模的陵墓中不知該有多少陪葬品的猜測，不過目前學者認為圖坦卡門陵墓的陪葬品是法老陵墓的標準配置，其他法老陵墓的陪葬品應該都一樣。

## 儀式用品

眾神雕像、儀式用靈床或家具等器具類，以及服飾、裝飾品等法老在陰間的儀式中所使用的物品。

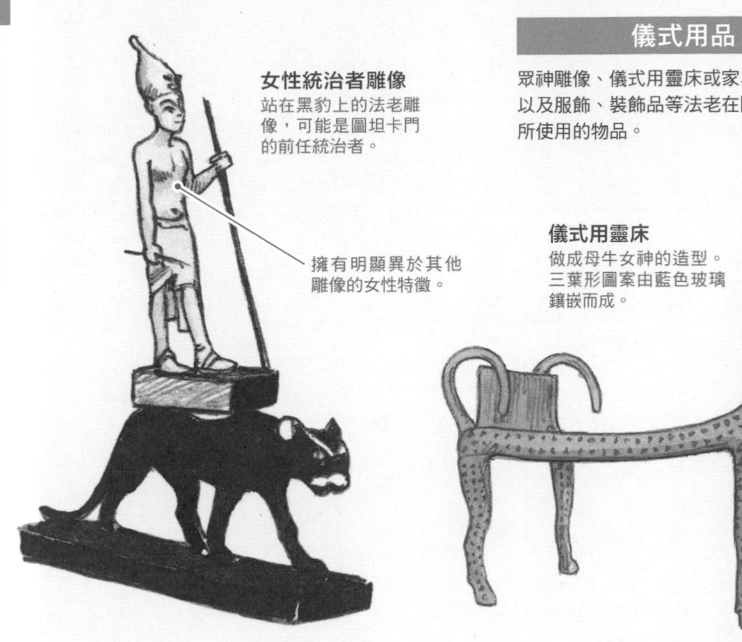

擁有明顯異於其他雕像的女性特徵。

**女性統治者雕像**
站在黑豹上的法老雕像，可能是圖坦卡門的前任統治者。

**儀式用靈床**
做成母牛女神的造型。三葉形圖案由藍色玻璃鑲嵌而成。

## 日用品

亡者生前用過的家具或日常器具也會放入墓內陪葬。在圖坦卡門的陵墓中發現他生前坐過、畫有阿頓神模樣的寶座，甚至還有法老的貼身衣物兜檔布。

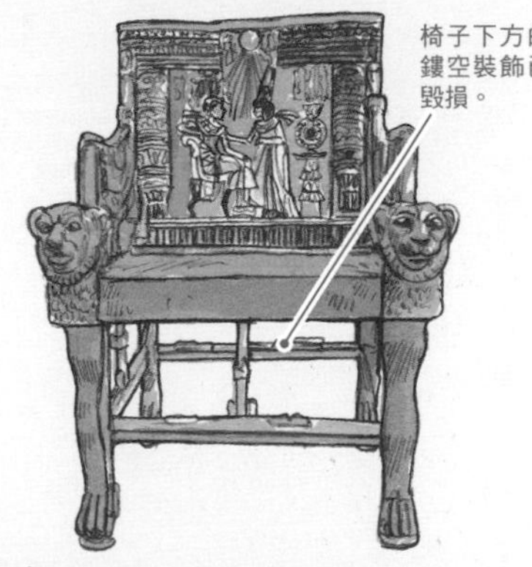

椅子下方的鏤空裝飾已毀損。

**寶座**
貼著金箔的寶座，畫有法老和王后的圖像。

**人體模型**
塗上灰泥的木製模型。臉部刻成法老相貌的掛衣架。

# 古埃及人的信仰

## 感應周遭萬物的神性

古埃及人認為存在於周遭的萬物皆具神性，都有神祇附身。這在多神教的世界中是相當普遍的觀念，日本也有相同的宗教理念。在古埃及的宗教經文「來世之書」中，就記載了超過700位神明的名字。

日月星辰等宇宙神祇、天與地、空氣、山川沙漠等自然環境、能力超越人類的動物，例如可以在人力無法觸及的天空飛翔的野鳥，對於古埃及人而言都是特殊的存在。由此就能理解為何古埃及會有許多鳥類的神明。除了鳥類之外，他們也崇拜力氣遠大於人類且凶暴的動物，如獅子、河馬、鱷魚或野牛等。甚至把將動物糞便滾成球狀推回巢穴的糞金龜視為太陽神膜拜。

### 國家信仰與民間信仰

古埃及人信仰的眾神種類繁多，有國家最高神祇的國家主神，以及各地信奉的地區神、太陽與月亮等宇宙神，還有各家庭崇拜的民間信仰等。最具代表性的民間信仰就是祖先神靈崇拜，古埃及人會在家中供奉祖先的人像。另外，在懷孕生產時能夠消災解厄或安胎的貝斯神或塔維瑞特女神等，都是頗受歡迎的神祇。

以雙目炯炯有神、蓄鬍吐舌的古怪樣貌示人的貝斯神。和外表相反，是備受歡迎的生產及家庭守護神。

## 國家主神的變遷

**初期王朝時代**

### 荷魯斯
荷魯斯的起源相當古老，可見於那爾邁調色板（P19）。從初期王朝時代起，法老便被視為荷魯斯神的化身，擁有王銜荷魯斯名。

### 塞特
第2王朝末期的法老伯里布森以塞特神的塞特名取代了荷魯斯名。

**古王國時代**

### 拉
到了古王國時代，赫里奧波里斯的太陽神拉權力高漲成為主神。王銜中加入了作為出生名的拉神之子名字。

**中王國時代**

### 蒙圖
鷹首戰神蒙圖是古王國時代末期到中王國時代初期的底比斯守護神。

**新王國時代**

### 阿蒙拉
中王國時代以後，底比斯主神阿蒙和太陽神拉結合為阿蒙拉神，成為國家主神。

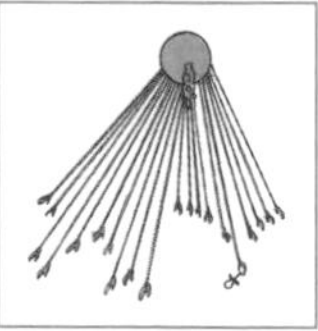

### 阿頓
第18王朝的阿蒙霍特普四世斷然進行宗教改革，奉太陽神阿頓為唯一主神，從底比斯遷都到阿瑪納。

### 拉哈拉胡提
赫里奧波里斯的太陽神，拉神和荷魯斯神合而為一的神。是新王國時代以後的信仰主神。

## 主要信仰地區與眾神

埃及各地都信奉著各種神祇。尼羅河流域的南部上埃及有22個諾姆，北部下埃及有20個諾姆，合計42個諾姆，各有專屬的諾姆守護神。各地都市都是以地區神廟為中心發展而成。

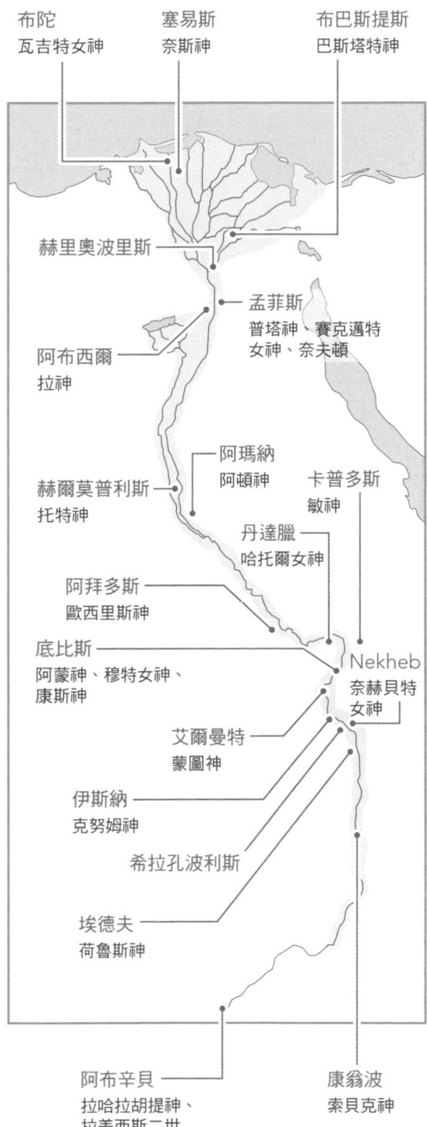

# 創世神話與眾神

這個世界由造物神所創

在古埃及有4處宗教信仰中心。從北到南依序是赫里奧波里斯、孟菲斯、赫爾莫普利斯、底比斯。其中北邊的孟菲斯與南邊的底比斯這2大都市為南北埃及的行政中心。因此除了這2處身為南北首都的大城之外，另外2座城市都是權力強大的埃及宗教信仰中心。在太陽神信仰的中心地區赫里奧波里斯，創世神阿圖姆自原始之水中獨自現身，用自己的唾液生出了空氣之神舒（Shu）和濕氣女神泰芙努特（Tefnut），而他們孕育出大地之神蓋伯（Geb）和天空女神努特（Nut）。之後蓋伯神和努特女神生下歐西里斯神、塞特神、伊西斯女神及奈芙蒂斯女神這4柱神。和赫里奧波里斯創世神話有關的赫里奧波里斯9柱神，就是指由阿圖姆延伸出的9位神祇。

## 主要的創世神話

在古埃及的4個宗教信仰中心（赫里奧波里斯、孟菲斯、赫爾莫普利斯、底比斯）當中，赫里奧波里斯和赫爾莫普利斯2大中心可說是擁有獨自的創世神話。

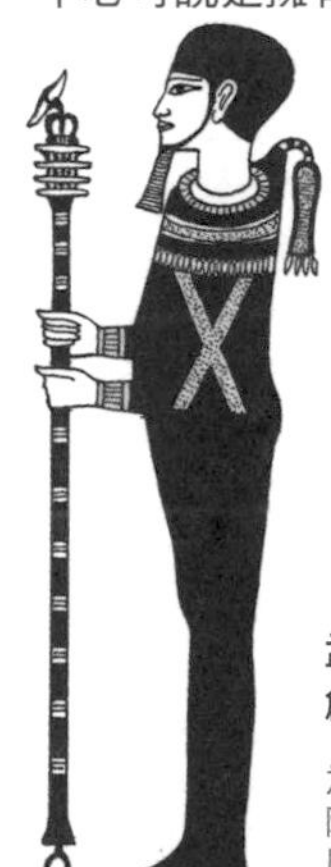

創世主普塔神

### 赫爾莫普利斯的創世神話

在「原始」的天地創造之時，由4組男女神祇組成的8柱神創造並支配世界。男神長著青蛙頭，女神長著蛇頭。

### 孟菲斯的創世神話

為了展現普塔神的地位高於阿圖姆神，便把普塔神視為原始之水努恩，讓努恩和他的女兒納烏涅特女神生下了阿圖姆神。

### 赫里奧波里斯的創世神話

自原始之水努恩獨自誕生的阿圖姆神，用自己的唾液創造出空氣之神舒和濕氣女神泰芙努特，他們再生下大地之神蓋伯和天空女神努特。

創世主阿圖姆

# 赫里奧波里斯神話的眾神

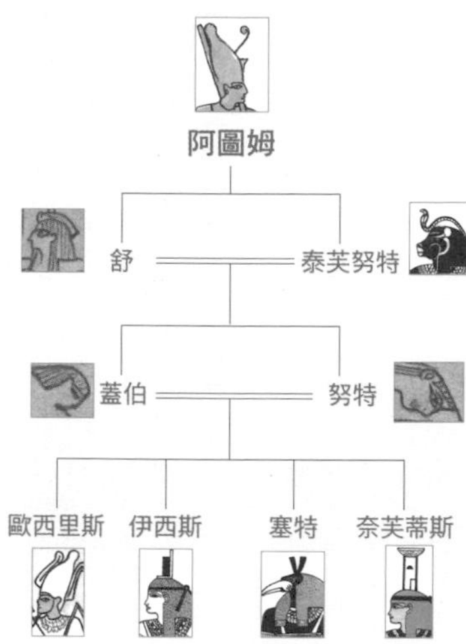


阿圖姆神生下空氣之神舒和濕氣女神泰芙努特，舒神和泰芙努特女神生出大地之神蓋伯和天空女神努特。蓋伯神和努特女神生下歐西里斯神、塞特神、伊西斯女神和奈芙蒂斯女神，自阿圖姆神到這4神合稱為「赫里奧波里斯的9柱神」。

## 阿圖姆

阿圖姆神是赫里奧波里斯（古代盧努）地區信奉的太陽神，是比拉神起源更早的上古神祇。因此，當和太陽神拉結合時，有別於其他眾神，成為與眾不同的拉-阿圖姆神。另外，阿圖姆神通常象徵著黃昏時落到西邊地平線的太陽。

## 努特

天空女神努特。以手腳貼著大地用力支撐的裸女姿態呈現。努特女神的身體是天空，白天太陽運行其間，晚上繁星閃爍。早上在東邊天空生出太陽，帶有掌控重生的意象。

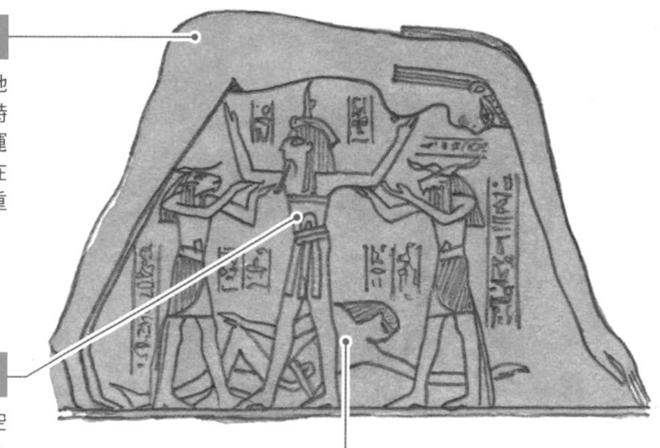

## 舒

阿圖姆神用自己的唾液創造出空氣之神舒和濕氣女神泰芙努特。舒的名字可能取自氣球漏氣的「咻」聲。舒神和泰芙努特女神生下蓋伯神和努特女神。

## 蓋伯

大地之神。空氣之神舒和濕氣女神泰芙努特生下的兒子。和天空女神生下4柱神，分別是歐西里斯神、塞特神、伊西斯女神和奈芙蒂斯女神。

## 泰芙努特

阿圖姆神生下的濕氣與雨水之女神。以母獅頭的女神型態現身。丈夫是空氣之神舒。

## 奈芙蒂斯

蓋伯神和努特女神的女兒，輔佐姊姊伊西斯女神。雖然是塞特神的妻子，卻思慕兄長歐西里斯神，和歐西里斯神生下了木乃伊製作神阿努比斯。

## 歐西里斯

大地之神蓋伯和天空女神努特生下的4柱神長兄。妻子是妹妹伊西斯女神，和她誕下天空之神荷魯斯。歐西里斯原本是主宰豐饒的神祇，但歐西里斯神話一出現，就化身為冥界之王，成為重生之神及不死的象徵。歐西里斯神的聖地是阿比多斯，自中王國時代便備受崇拜。

### 人氣歷久不衰的歐西里斯神話

歐西里斯神以埃及最初帝王之姿掌握大權。在托特神的輔佐下治理國家，雖然支持者眾多，卻被心生妒忌的弟弟塞特神殺害，遺體遭分屍後丟入尼羅河。妻子伊西斯女神在妹妹奈芙蒂斯女神和木乃伊製作神阿努比斯的協助下，將歐西里斯神做成木乃伊復活，並生下兒子荷魯斯神，之後歐西里斯神前往冥界成為冥界之王。另外在地面上，長大後的荷魯斯神和塞特神爭鬥奪回王位。荷魯斯神成為法老統治人間。

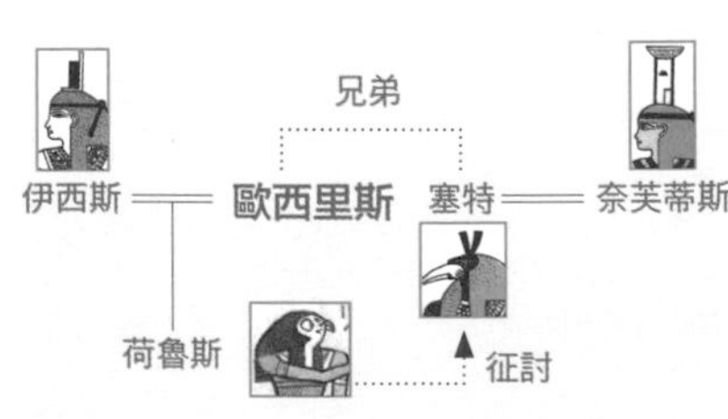

## 伊西斯

歐西里斯神的妹妹及妻子，荷魯斯神的母親。在眾神中擁有最強大的法力，歐西里斯神遇害後，伊西斯女神就是藉著「生命儀式」的咒語使其復活。她也是家庭生活女神，神話裡的伊西斯女神是理想的妻子與母親。

## 塞特

歐西里斯神的弟弟，殺害了歐西里斯神。是沙漠、暴力和防風之神，視同敘利亞的巴力神。因為殺了歐西里斯神，和歐西里斯神的兒子荷魯斯神戰鬥。

# 其他眾神

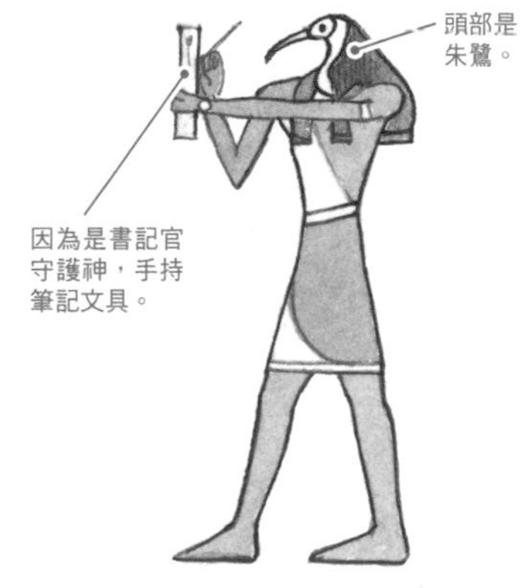


## 荷魯斯

歐西里斯神和伊西斯女神的兒子，是擁有老鷹樣貌的天空之神。在歐西里斯神話中，和殺死父親的叔叔塞特神戰鬥，最後打敗塞特神，在埃及登基為王，因此法老被認為是荷魯斯神轉世的化身。另外也常被畫成法老的守護神。

## 托特

原本是記錄月亮圓缺的神祇，因為發明了文字與數學，便成為文字或知識等所有相關領域學者的守護神。在「最後的審判」中記錄亡者的心臟重量，之後便負責各項文書紀錄。

## 普塔

孟菲斯的主神及創世神。是鐵匠或雕刻家等工匠、職人的守護神。戴著緊貼頭部、造型特殊的頭盔，手持名為瓦斯、節德與安卡，組合了「統治」、「安穩」與「生命」3種象徵的特殊權杖。

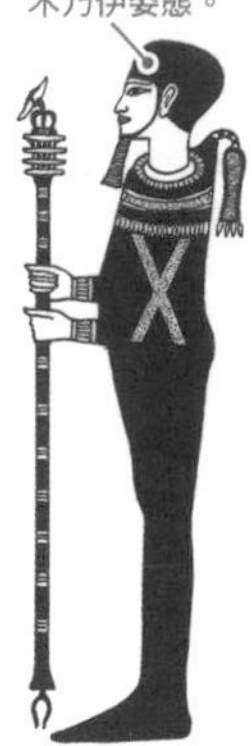


## 阿蒙

底比斯的主神阿蒙神是第11王朝時代引進的神祇。和太陽神拉結合，成為埃及地位最高的阿蒙拉神。和赫爾莫普利斯神話的8柱神之一阿蒙神有關。

### 普塔的家庭圖

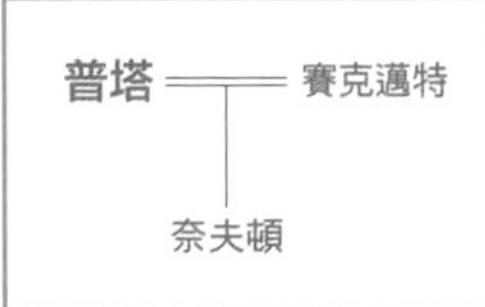


### 阿蒙的家庭圖

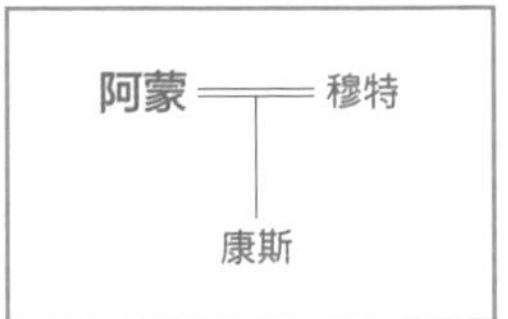

## 蒙圖（Montu）

底比斯之神，底比斯南部的赫蒙瑟斯（艾爾曼特）的戰神。在古王國時代末年到第11王朝時代備受信仰。

## 拉

身為太陽神備受推崇與信仰。和赫里奧波里斯的創世神阿圖姆神結合為拉-阿圖姆神，之後也和阿蒙神等神祇融合。古埃及的信仰中心是太陽神信仰，雖然有眾多的太陽神，但以拉神為代表。

## 穆特

底比斯的守護神，阿蒙神的妻子。「穆特」在古埃及語中是「母親」的意思。聖地位於底比斯東岸的Isheru。卡奈克神廟的南側建有穆特神廟。

## 哈托爾

太陽神拉的女兒及妻子。在塞特神和荷魯斯神戰鬥時，治癒荷魯斯的傷勢，被視為治療之神。另外也是死者的守護神、愛與美的女神、音樂之神等，擁有多種性格。地位等同於希臘女神阿芙蘿黛蒂、羅馬女神維納斯。

## 阿努比斯

墓地之神及死者的守護神。也被推崇為木乃伊製作神。以胡狼頭人身或胡狼之姿現身。據說是因為住在墳墓附近的胡狼看起來像是在守護墓地。

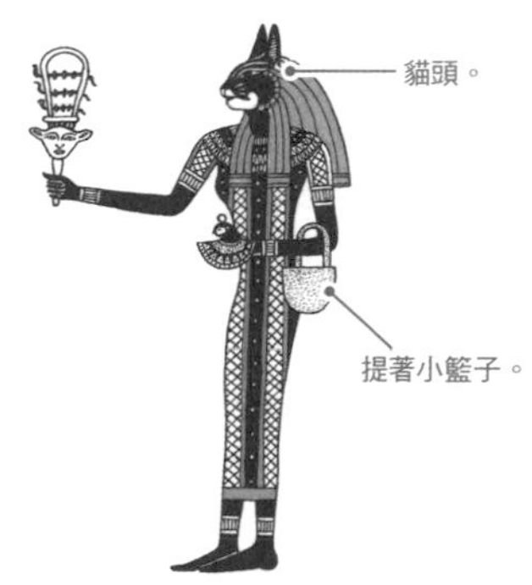


## 巴斯塔特

有名的貓女神，但原本是有著母獅外觀、性格兇猛的女神。在埃及當貓開始成為寵物後，巴斯塔特女神的性格也日益沉穩，外型也由獅子變成貓，成為安詳的家庭守護神。

## 奈赫貝特

以禿鷹姿態現身的女神。是上埃及王權的守護女神。和三角洲區域（下埃及）的眼鏡蛇女神瓦吉特並列守護埃及統一王權的雙女神。

## 瓦吉特

被視為下埃及的守護女神崇拜，和上埃及的女神奈赫貝特共同守護法老。信仰中心位於布陀，以眼鏡蛇或頭頂眼鏡蛇的女性姿態現身。

COLUMN 古埃及學的功臣③

# 商博良

Jean-François Champollion
（1790～1832年）

## 從羅塞塔石碑解讀聖書體

法國籍埃及學家。出生於法國南部的菲雅克。自幼就對亞洲語系很感興趣，學習希伯來語、阿拉伯語、波斯語及科普特語等。年輕時便才華洋溢，在20歲前當上格勒諾布爾大學的歷史學助理教授。很早就開始解讀羅塞塔碑文。

當時商博良的目標是譯出羅塞塔石碑上的世俗體部分，他認為聖書體是表意文字沒有讀音。然而，在相同時間點試著解讀聖書體的英國物理學家湯瑪士楊格，卻推敲出寫在名為象形繭（cartouche）的古埃及橢圓形王名框上，托勒密等聖書體的讀音。

商博良採取楊格的方法，在1822年終於成功解讀出聖書體。1828年到1830年如願前往埃及進行考察之旅。回國後，於1831年擔任法蘭西公學院的埃及學教授，卻在隔年1832年的3月因霍亂過世，享年僅41歲。

羅塞塔石碑是解讀聖書體的關鍵。石碑的上半部破損，原本頂部是半圓形。內容是孟菲斯宗教會議宣布的托勒密五世詔書。雖然是拿破崙遠征埃及時發現的，之後卻被英軍沒收，藏於大英博物館。

古埃及聖書體

古埃及世俗體

古希臘文

羅塞塔石碑上記錄了聖書體、世俗體及古希臘文3種文字。商博良透過解讀聖書體，發現或許能譯出刻在石碑或神廟上的未破譯文字，進而了解古埃及的歷史與文化。

# 第4章

# 徹底分析古埃及神廟

# 神廟的功能與主要儀式

## 連接眾神和人類的重要設施

說 到僅次於金字塔備受旅客青睞的埃及景點，那就是神廟吧。神廟自古埃及時代起便身負重任，至今仍留下相當多的神廟遺跡。

宗教原本就是埃及社會的基礎，眾神信仰對於法律、地理到農業等勞力工作影響深遠。神祇的存在是為了守護社會秩序，更是古埃及人的心靈寄託。神廟即是對這些眾神致敬、進行儀式的場所，祭司則是儀式的執行者。祭司們的社會地位崇高，有時甚至能左右國家的政治或經濟。

法老供奉著眾神，請示神意，可謂是人與神之間的溝通者。但是，由於神明的數量眾多，用來祭祀的神廟也不少，因此每天負責供奉神祇的祭司人數也很龐大。

### 神廟的基本構造

神廟主要由塔門、中庭、立柱廳及至聖所組成。塔門、中庭或立柱廳的數量依神廟而異。雖然各座神廟的構造細節不一，但通常建築物的天花板往內會逐漸降低，地板則逐漸增高。最深處的至聖所天花板最低而地板最高。

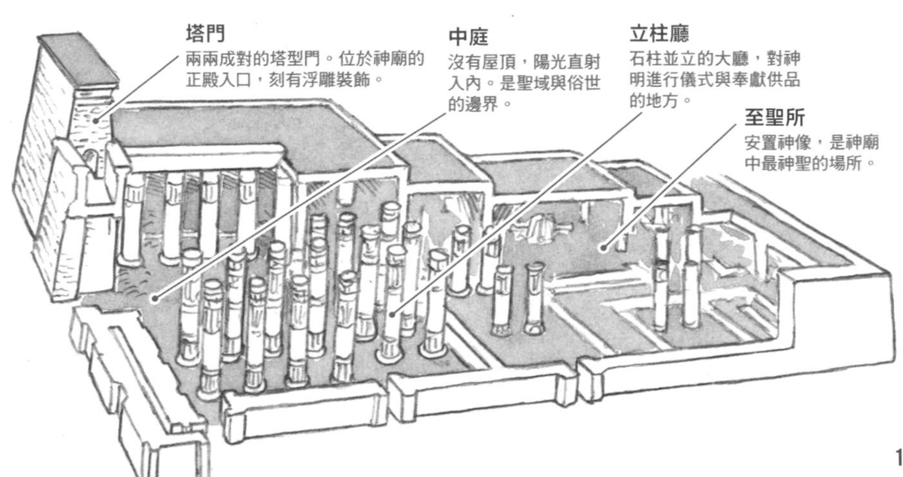

塔門
兩兩成對的塔型門。位於神廟的正殿入口，刻有浮雕裝飾。
中庭
沒有屋頂，陽光直射入內。是聖域與俗世的邊界。
立柱廳
石柱並立的大廳，對神明進行儀式與奉獻供品的地方。
至聖所
安置神像，是神廟中最神聖的場所。

# 神廟與祭廟

## 神廟

神明居住的地方，也就是「神的家」。會在此舉辦敬神祭典或法老的登基儀式。有埃德富荷魯斯神廟等供奉特定神祇的神廟，與卡奈克神廟等複合式神廟。

- 卡奈克神廟
- 康翁波神廟
- 埃德富荷魯斯神廟
- 菲萊島伊西斯神廟

## 祭廟

除了進行法老的喪葬祭拜外，也設有法老生前參與活動的神廟內宮殿。又名法老紀念廟。

- 哈特謝普蘇特女王祭廟
- 拉美西姆祭廟
- 拉美西斯三世祭廟
- 塞提一世祭廟

## 主要神廟分布圖

現存的知名神廟大多位於埃及南部，神廟是古埃及社會的重要設施，各地皆有建置。

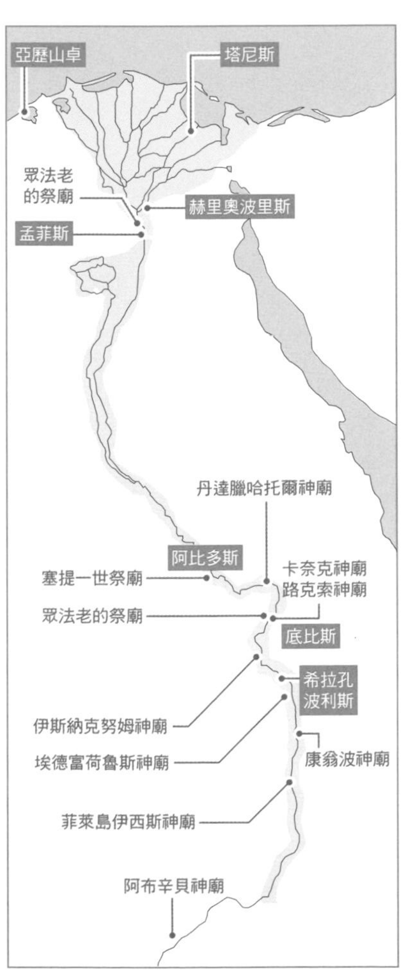


## 祭司的工作

各神廟的祭司們必須每天祭拜放在神廟最深處至聖所的神像。首先，拿下至聖所的封印，獻上吃的跟喝的等供品，接著遵照神廟內的行事曆進行各種祭禮。眾神祭禮所需的供品與儀式各不相同。

正在進行儀式的祭司。在封印神像之前上香。
祭司為了保持潔淨感，須剃光全身的毛髮。

# 卡奈克神廟

## 分成3個神域的神廟複合體

在眾多埃及神廟中，最有名的可說是卡奈克神廟。結合副廟路克索神廟，可說是宗教城市底比斯最具代表性的建築物。

這座廣大的神廟主要供奉3位神祇，即是守護底比斯的3柱神（眾神組織）——阿蒙神、妻子穆特女神及他們的兒子康斯神。另外，這裡以中間的阿蒙神域為界，以北是蒙圖神域、以南是穆特女神神域。不過主建築位於阿蒙神域內，其中以阿蒙神廟為主殿。

雖說阿蒙神廟源自於第11王朝，但詳情至今未明。不過進入新王國時代之後，阿蒙神廟便開始進行大肆翻修。底比斯是自何時起尊奉阿蒙神的，如今尚未有定論，但在新王國時代，底比斯作為首都發展興盛，不能說與阿蒙神完全無關。自第二任法老阿蒙霍特普一世起，陸續有多位法老擴建神廟。最終這座古埃及的重要神廟，成為了跨越時代、建築參差林立的巨大神廟。

**蒙圖神域**

在3個神域中面積最小。雖然設計者是阿蒙霍特普三世，卻在第25王朝之後數次變更計畫。

**穆特神域**

阿蒙霍特普三世興建了穆特神廟，周圍水池環繞。據說阿蒙霍特普三世也在此奉獻了數百座賽克邁特女神的雕像。

# 卡奈克神廟的構造

由阿蒙、穆特及蒙圖的3個神域組成。中間是規模最大的阿蒙神廟，有時候說到卡奈克神廟指的就是這座神廟。

## 阿蒙神域

沿著東西和南北2條軸線而建，哈特謝普蘇特舉行奧佩特節慶典時，為了前往路克索神廟，在南北軸線上設置了第7塔門。並在第3、4塔門背後豎立方尖碑。

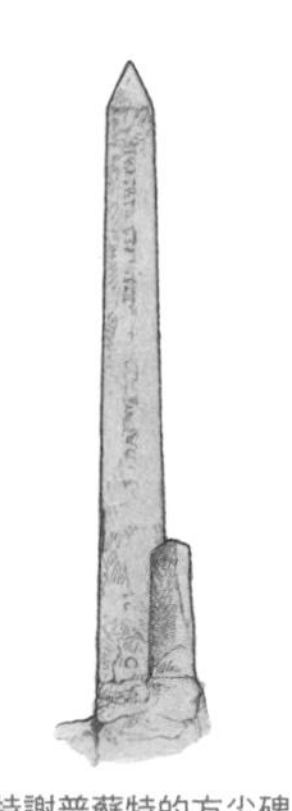

哈特謝普蘇特的方尖碑

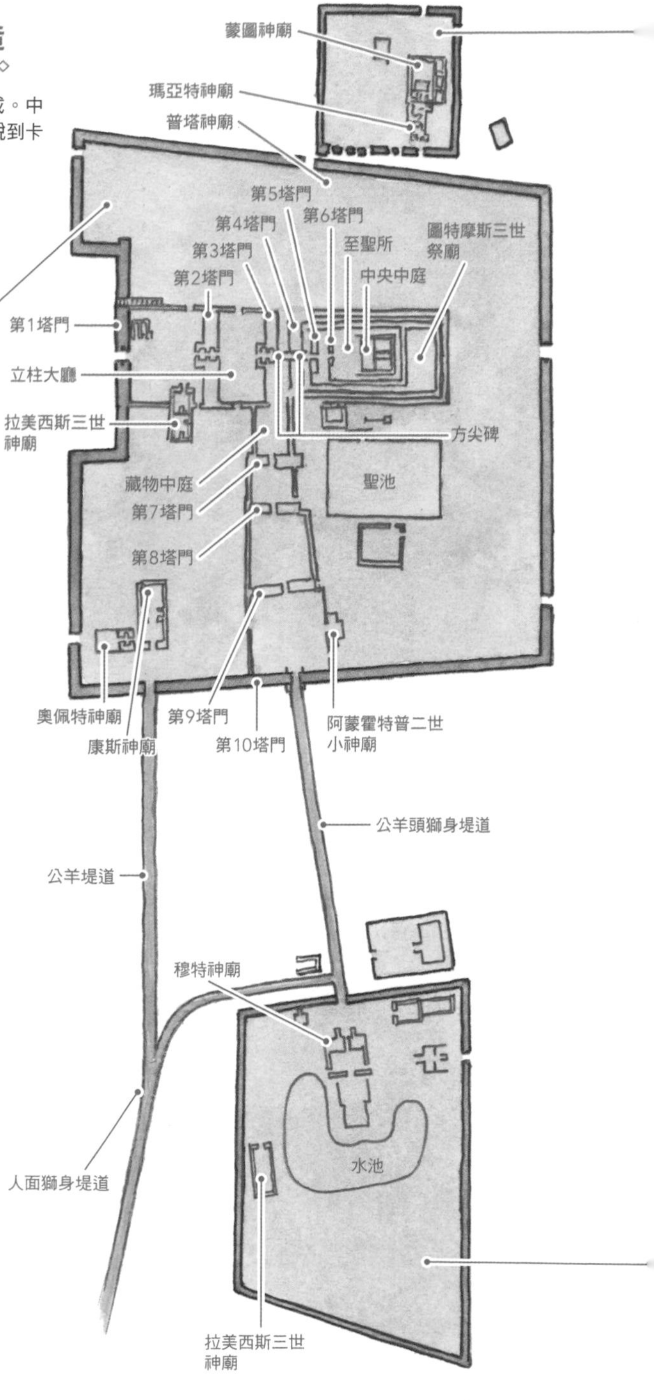

蒙圖神廟
瑪亞特神廟
普塔神廟
第5塔門
第6塔門
第4塔門
第3塔門
第2塔門
至聖所
中央中庭
圖特摩斯三世祭廟
第1塔門
立柱大廳
拉美西斯三世神廟
方尖碑
藏物中庭
第7塔門
聖池
第8塔門
奧佩特神廟
康斯神廟
第9塔門
第10塔門
阿蒙霍特普二世小神廟
公羊頭獅身堤道
公羊堤道
穆特神廟
水池
人面獅身堤道
拉美西斯三世神廟

## 擴建歷史

卡奈克神廟的結構複雜，原因是長期以來被當成重要的信仰對象，經過歷代法老重複改建所造成。其基礎結構出自阿蒙霍特普一世之手，之後的哈特謝普蘇特、圖特摩斯三世、阿蒙霍特普三世、拉美西斯二世等歷任偉大法老都動工擴建過。

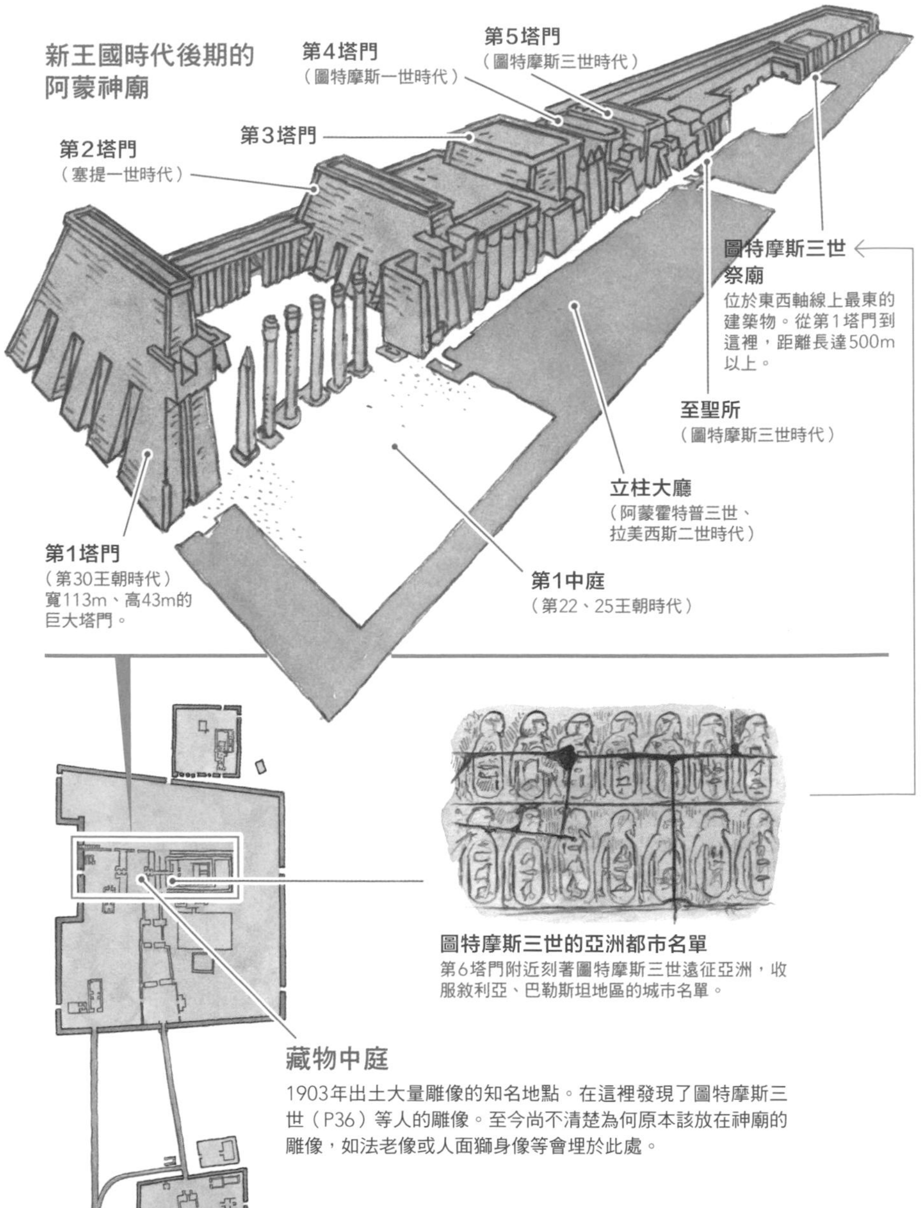


**圖特摩斯三世的亞洲都市名單**

第6塔門附近刻著圖特摩斯三世遠征亞洲，收服敘利亞、巴勒斯坦地區的城市名單。

### 藏物中庭

1903年出土大量雕像的知名地點。在這裡發現了圖特摩斯三世（P36）等人的雕像。至今尚不清楚為何原本該放在神廟的雕像，如法老像或人面獅身像等會埋於此處。

# 卡奈克、路克索神廟的大祭典

底比斯最重要的祭典就是奧佩特（取自神名）節。為了重現阿蒙神和穆特女神結婚的情景，會讓阿蒙神、穆特女神和兒子康斯神的神像坐在神轎上，從卡奈克神廟出發造訪南部的路克索神廟。法老透過主辦這個祭典強化王與神祇的關係，宣示王權的正當性。

由多位祭司抬著神轎。隊伍中也有唱祝福歌的祭司。
阿蒙、穆特、康斯等神像乘坐的神轎。
卡奈克神廟和路克索神廟之間以人面獅身堤道連接，奧特佩節時這裡是神轎遊行的步道。

從卡奈克神廟抬著神轎前往路克索神廟，民眾平常少有機會能參拜神像，所以神轎遊行時會聚集許多民眾。

## 路克索神廟的構造

主要興建者是阿蒙霍特普三世和拉美西斯二世。雖然第1塔門是神廟入口，但門前卻立著拉美西斯二世的方尖碑。從第1塔門到最底部的至聖所牆壁，距離長達260m左右。

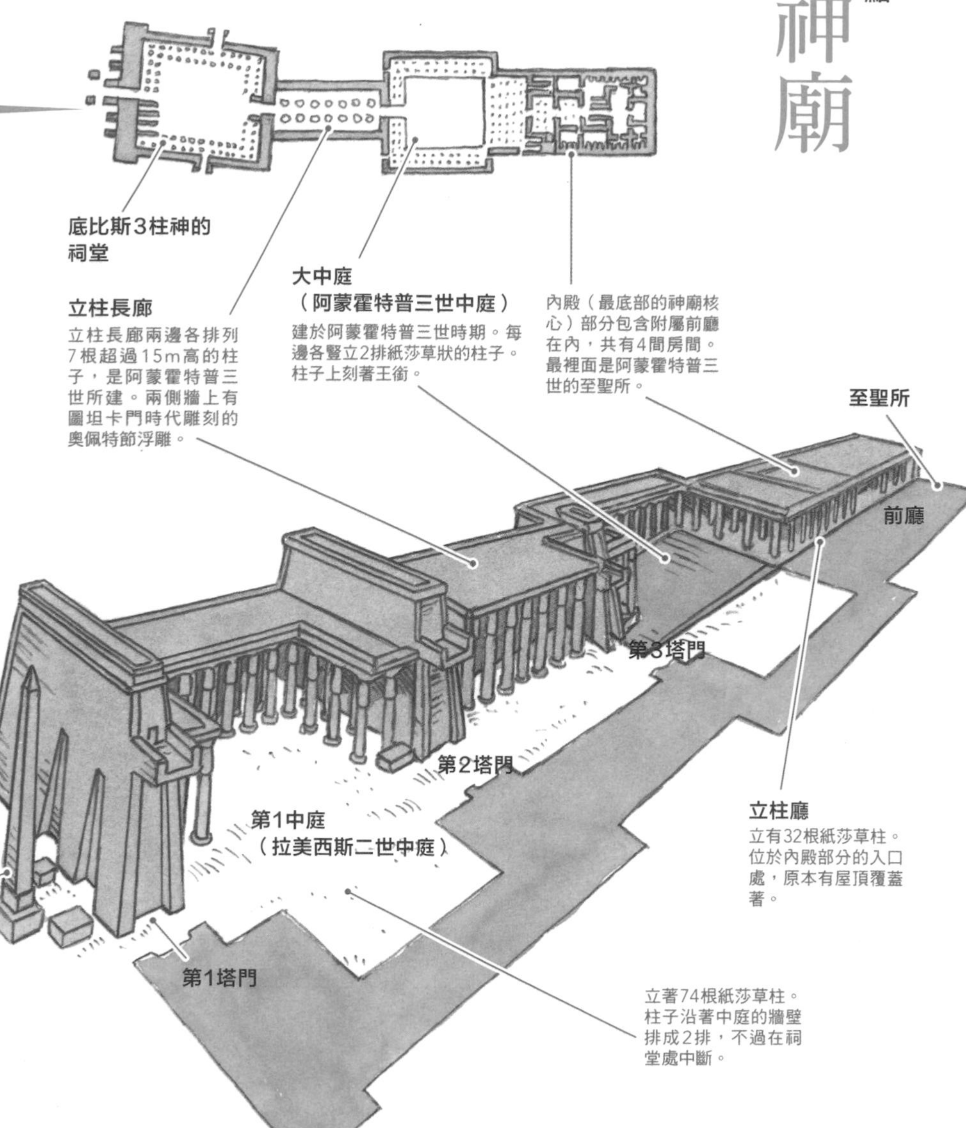

自卡奈克・阿蒙神廟往南約3km，穿過兩旁並列著人面獅身像的堤道進入廣場，會先看到前方的方尖碑與法老雕像，接著是巨大的塔門。這就是路克索神廟。

路克索神廟和卡奈克神廟一樣，都是祭祀阿蒙神的神廟，為了阿蒙神在每年一度的奧佩特節造訪時所建。奧佩特節源自第18王朝哈特謝普蘇特的統治期間。現存最古老的建築物是刻有第18王朝圖特摩斯三世之名的底比斯3柱神祠堂。

目前神廟的主建築由阿蒙霍特普三世所建，從最深處的至聖所到立柱廳、大中庭、第3塔門、立柱長廊都是出自他之手。之後拉美西斯二世進行大幅改建，在立柱長廊前建了塔門、第1中庭及其前方的塔門。雖然除此之外圖坦卡門與拉美西斯四世也加上了浮雕，亞歷山大大帝也建造了祠堂等等，但現在的神殿可說是阿蒙霍特普三世與拉美西斯二世兩位法老的集合之作。

## 拉美西斯二世的大改建

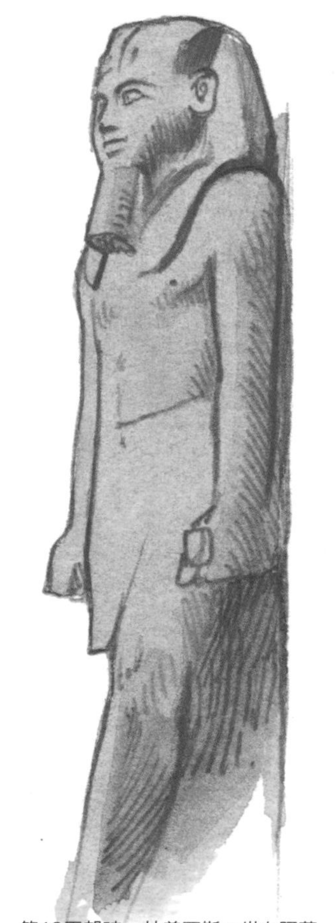

第19王朝時，拉美西斯二世在阿蒙霍特普三世興建的神廟基礎上，進行大幅度的增修工程。除了中庭和塔門外，拉美西斯王還在神廟內建造數座巨大石像。這座是位於第1中庭立柱間的法老巨像。

**拉美西斯二世方尖碑**
興建時左右各立1根，不過目前只剩下1根。另一根已移到巴黎的協和廣場。

# 哈特謝普蘇特女王祭廟

獨座祭廟的先驅

## 3層高度不同的中庭

建於懸崖峭壁上的哈特謝普蘇特女王祭廟，特色是帶有立柱廳的3層中庭。這座祭廟利用中央的斜坡連接寬度將近40m的中庭。越過神廟背後的懸崖，正後方才是女王陵墓所在的帝王谷。

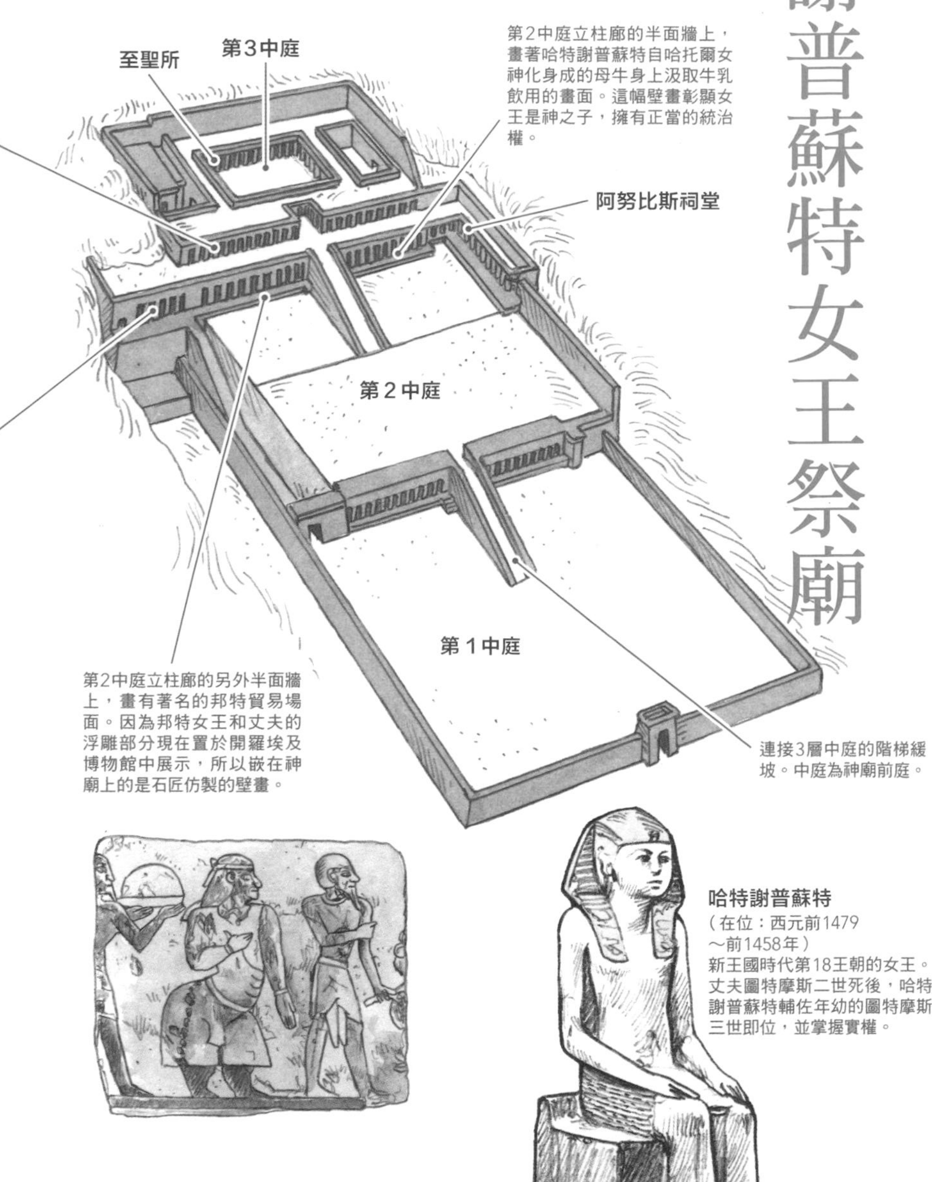

至聖所
第3中庭
第2中庭立柱廊的半面牆上，畫著哈特謝普蘇特自哈托爾女神化身成的母牛身上汲取牛乳飲用的畫面。這幅壁畫彰顯女王是神之子，擁有正當的統治權。
阿努比斯祠堂
第2中庭
第1中庭
第2中庭立柱廊的另外半面牆上，畫有著名的邦特貿易場面。因為邦特女王和丈夫的浮雕部分現在置於開羅埃及博物館中展示，所以嵌在神廟上的是石匠仿製的壁畫。
連接3層中庭的階梯緩坡。中庭為神廟前庭。

**哈特謝普蘇特**
（在位：西元前1479～前1458年）
新王國時代第18王朝的女王。丈夫圖特摩斯二世死後，哈特謝普蘇特輔佐年幼的圖特摩斯三世即位，並掌握實權。

第18王朝的偉大女王哈特謝普蘇特的祭廟，擁有整齊美觀的3層式中庭，是人氣的觀光景點。這項特殊的結構取材自建於女王祭廟隔壁的曼圖霍特普二世（第11王朝）墓地。在代爾埃爾巴哈里與建陵墓的也是這位法老，他和王后們長眠於此。哈特謝普蘇特之後的繼任者圖特摩斯三世，於前述2座神廟之間再度興建神廟。不過，至今保存良好的只有女王神廟。然而女王的浮雕，因為圖特摩斯三世意圖掩蓋歷史的行為，大多被破壞刮除掉了。

以哈特謝普蘇特為首的第18王朝法老們，都將墓地和祭廟分開興建，因此女王的墓地不在此處。祭廟的至聖所供奉的是女王與其父親圖特摩斯一世，以及底比斯的主神阿蒙神。第19、20王朝仍然延續這項做法，在底比斯西岸留下約15座祭廟。這種做法的先驅便是哈特謝普蘇特女王的祭廟。

裝扮成歐西里斯神像的哈特謝普蘇特木乃伊巨大石雕。在第3中庭前的立柱廊排列著好幾座，守護著神廟最深處。

## 哈托爾女神的聖地

哈托爾女神是愛與美的女神（P115），是歷代多數王后喜愛與信奉的神祇。女神同時是代爾埃爾巴哈里的守護神，哈特謝普蘇特也在第2中庭旁設置了哈托爾的祠堂。祠堂立柱上有以哈托爾女神頭部為造型的樂器浮雕，是神廟的看點之一。

# 阿布辛貝神廟

## 象徵強大王權的巨大建築

阿布辛貝神廟的所在地又稱努比亞，位於古埃及領地的南部。拉美西斯二世時代的王宮位於尼羅河北部的三角洲區域東邊，為了向距離遙遠的努比亞臣民展示強大的王權，便興建了這座神廟。

建於尼羅河畔的神廟，是2座神廟的總稱。這2座神廟各自在山上開鑿岩洞興建，大神廟供奉拉哈拉胡提神，小神廟供奉哈托爾女神與王后妮菲塔莉。位於大神廟入口的知名法老雕像高達20公尺，非常壯觀。另外，每年10月和2月光線會照進至聖所2次，相當神奇，令人不得不讚嘆王權的力量。

不過，在20世紀興建亞斯文水壩時，便將神廟移建至後面的高地，以免遭水淹沒。

**小神廟**
繪有頭頂母牛角、令人聯想到哈托爾女神的妮菲塔莉畫像。壁畫上的法老帶著雙冠、白冠和紅冠等不同王冠。

## 由2座神廟組合成的複合式神廟

由供奉拉哈拉胡提神的大神廟，和祭祀哈托爾女神及最寵愛的王后妮菲塔莉的小神廟組成。大神廟的法老像是眾人熟知的景點，不過，位於小神廟入口的巨大法老與王后，以及其孩子們的雕像也值得一看，展現出了偉大的法老英姿。

**拉美西斯二世**
（在位：西元前1279～前1213年）
新王國時代第19王朝的法老。因為大興土木與積極遠征等功績，被譽為古埃及最偉大的法老。

左腳旁有王后、右腳旁有法老的母親姆特圖雅、中間有阿蒙荷柯普塞夫王子的石像。

左腳旁有公主、右腳旁有妮貝塔威公主、中間有伊賽諾費雷特公主的石像。

右腳旁有梅莉塔蒙公主、左腳旁有母親姆特圖雅、正面有妮菲塔莉王后的石像。

右腳旁有妮菲塔莉王后、左腳旁有Baketmut公主、正面有拉美西斯王子的石像。

4座守護神廟入口的拉美西斯二世巨石像。神廟完工後發生過地震，導致1座石像崩塌。法老石像的腳邊刻著家人的雕像。

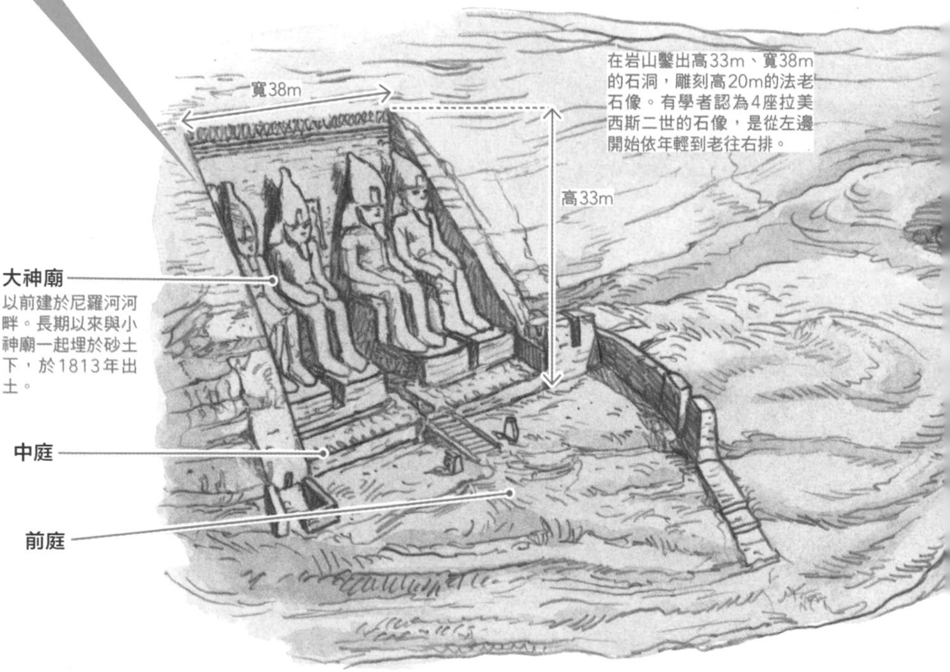

在岩山鑿出高33m、寬38m的石洞，雕刻高20m的法老石像。有學者認為4座拉美西斯二世的石像，是從左邊開始依年輕到老往右排。

寬38m

高33m

**大神廟**

以前建於尼羅河河畔。長期以來與小神廟一起埋於砂土下，於1813年出土。

**中庭**

**前庭**

# 阿布辛貝神廟的構造

## 大神廟

至聖所
前廳
立柱大廳
拉美西斯二世巨石像


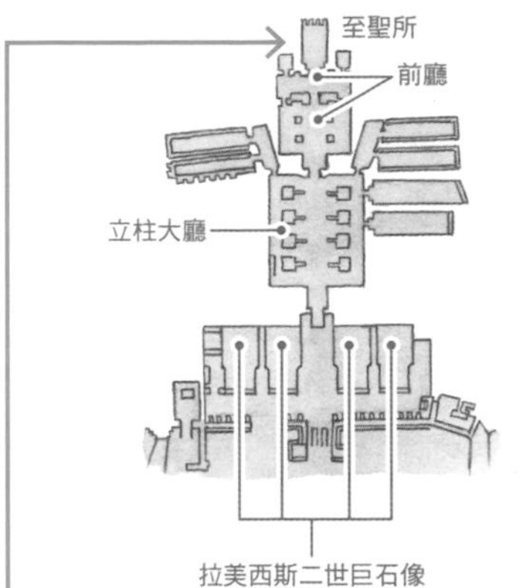

穿鑿岩山而建。一走進巨石像的入口就是立柱大廳，立柱上刻著裝扮成歐西里斯神的法老姿態。接著穿過前廳就是至聖所。

## 小神廟

至聖所
前廳
立柱廳
王后像
王后像
拉美西斯二世巨石像


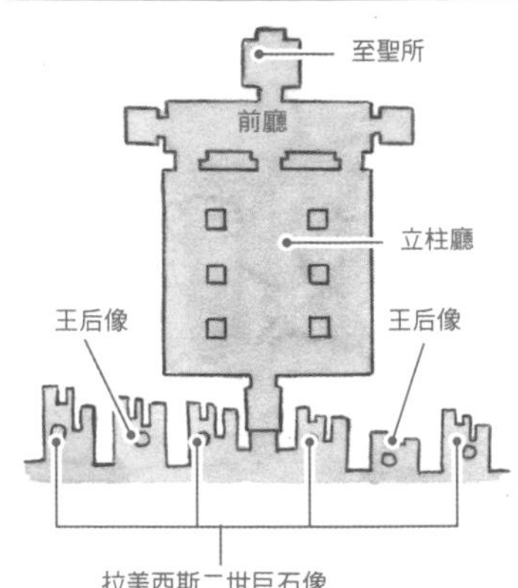

格局比大神廟精簡。立柱廳的哈托爾立柱或前廳以王后為主題的浮雕等裝飾，都不亞於大神廟。

普塔神
阿蒙拉神
拉美西斯二世
拉哈拉胡提神


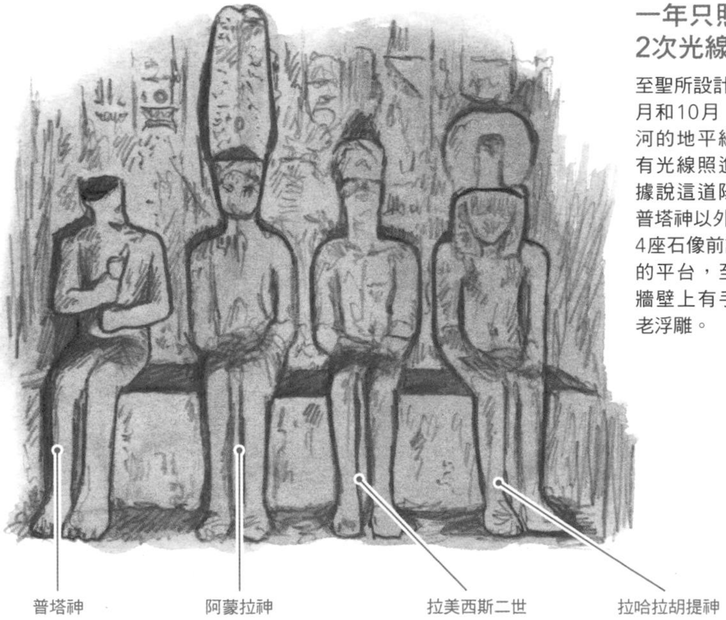

### 一年只照進2次光線的至聖所

至聖所設計成每年只在2月和10月，太陽自尼羅河的地平線升起時，才有光線照進來的結構。據說這道陽光只照得到普塔神以外的3座石像。4座石像前設有擺放供品的平台，至聖所入口的牆壁上有手捧供品的法老浮雕。

# 聯合國教科文組織號召的神廟遷移大工程

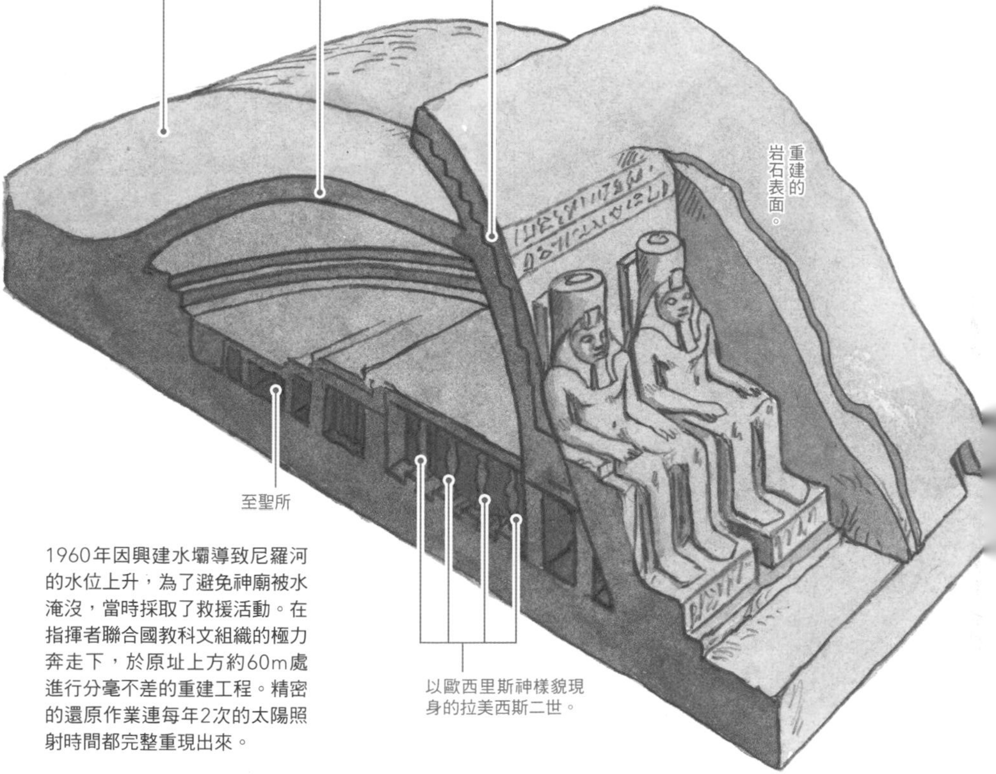

填充泥土和水泥石塊。

現在的水泥圓頂。

支撐正面的岩石。

重建的岩石表面。

至聖所

1960年因興建水壩導致尼羅河的水位上升，為了避免神廟被水淹沒，當時採取了救援活動。在指揮者聯合國教科文組織的極力奔走下，於原址上方約60m處進行分毫不差的重建工程。精密的還原作業連每年2次的太陽照射時間都完整重現出來。

以歐西里斯神樣貌現身的拉美西斯二世。

## 神廟的遷移工程

將2座神廟切割成碎片。因為水位已經上升，所以是一邊抽水一邊拆解。

→

築起2座人工岩山，內部建構水泥圓頂，將神廟重建於內部。

→

蓋好圓頂後，開始組裝妥善保管的巨石像與神廟內部。接著再進行遮掩切痕的修飾工作。

# 拉美西姆祭廟

## 偉大的建築家法老祭廟

拉美西斯二世別名「建築王」，積極興建以阿布辛貝神廟為首的眾多神廟。他在登基後首先開始著手建造的便是祭廟。

位於底比斯西岸的拉美西斯二世祭廟，一般通稱為「拉美西姆」。可惜的是現存的建築已遭到破壞。雖然這座神廟依照傳統的神廟結構興建，但神廟內設有舉辦儀式時供法老停留、名為「神廟內宮殿」的設施，所以不僅是葬禮祭拜，也是法老生前舉行儀式的場所，而這座神廟也因此被稱為紀念神廟。話雖如此，只看現存的遺址也能感受到其規模之雄偉。如少掉頭部的巨大歐西里斯柱、只剩頭部的法老花崗岩石像，或是倒塌在塔門附近、據推測超過1000噸的法老巨石像。

### 遭到破壞的巨大祭廟

現存的拉美西姆祭廟大多數的建築都已遭到毀損，而造成這種狀態的兇手就是氾濫的尼羅河。許多建築都已毀於接連發生的天然災害。拿破崙遠征埃及時雖然有留下拉美西姆的版畫，但那時似乎就已呈現廢墟的狀態。目前僅剩第1、2塔門的部分結構、立柱廳與部分正殿。

## 背面是倉庫

附屬於神廟的倉庫還留下遺址是相當罕見的事。用日曬土磚建成的倉庫，是用來存放生活用品或食材等供品。這座倉庫為拱頂天花板，疊了4層土磚建造而成。

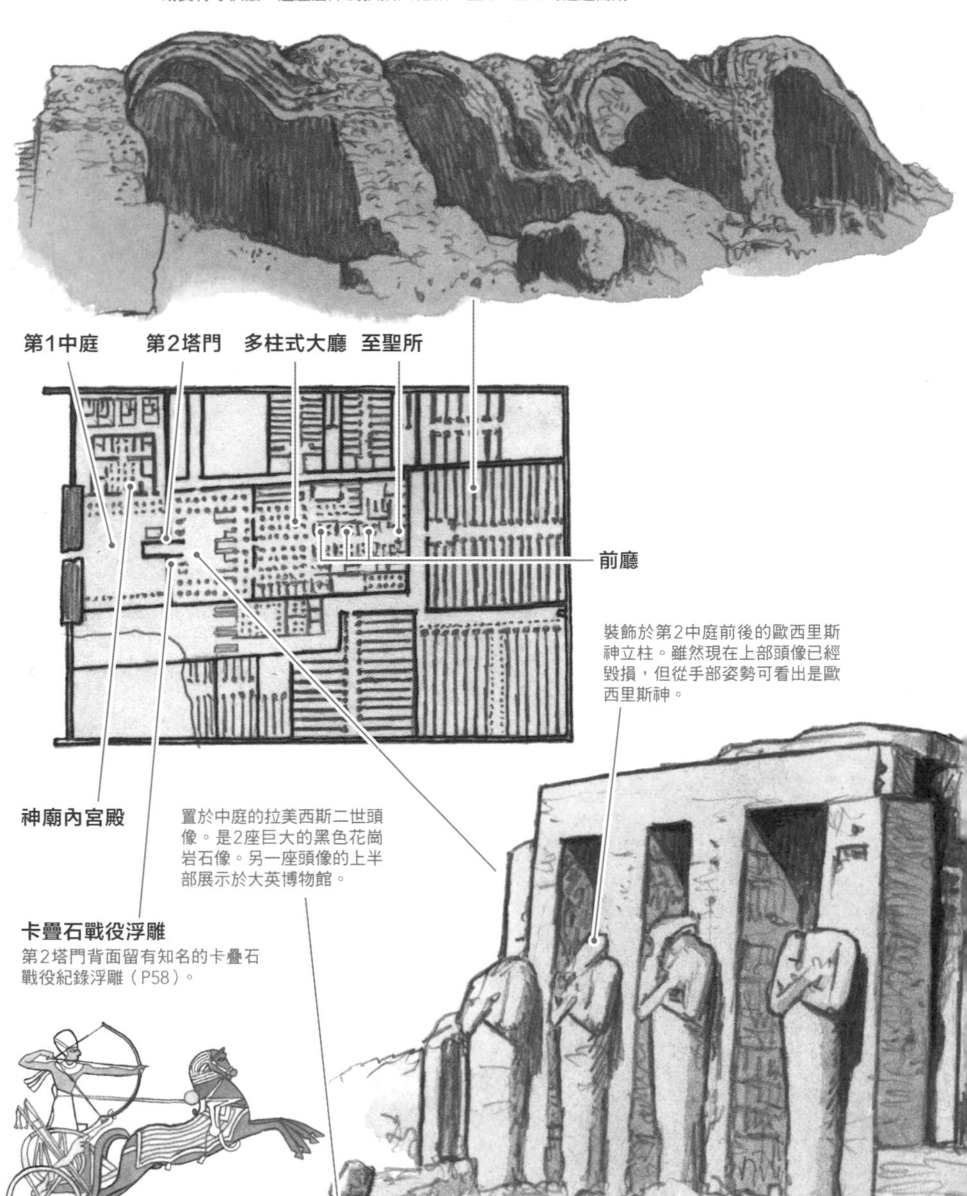


裝飾於第2中庭前後的歐西里斯神立柱。雖然現在上部頭像已經毀損，但從手部姿勢可看出是歐西里斯神。

置於中庭的拉美西斯二世頭像。是2座巨大的黑色花崗岩石像。另一座頭像的上半部展示於大英博物館。

**卡疊石戰役浮雕**

第2塔門背面留有知名的卡疊石戰役紀錄浮雕（P58）。

# 埃德富的荷魯斯神廟

## 托勒密王朝眾位法老的傑作

托勒密王朝時代積極興建遵循傳統的神廟建築。這時期建造的神廟大多都有保存下來，如丹達臘的哈托爾神廟或康翁波神廟等，其中以埃德富的荷魯斯神廟最具代表性。荷魯斯神被視為法老的化身，對於埃及王權而言是極其重要的神祇，埃德富則是荷魯斯神的信仰中心。荷魯斯神廟在托勒密三世的統治時期動工興建，完工於180年後的托勒密十二世時期。

雖然這座神廟的構造依循埃及神廟的樣式而建，但雄偉的程度與良好的保存狀態值得特別書寫下來。其高36m、寬137m的塔門，在現存神廟中規模僅次於卡奈克・阿蒙神廟，典型構圖的浮雕也保存得清晰且完整。第1立柱廳並列著2排各6根的立柱，柱體上頭繪有紙莎草或椰子葉等各種圖案。另外，立柱與立柱之間設有隔牆，牆上分別施以浮雕裝飾。這座神廟象徵了埃及神廟的裝飾性之高，並將這種優美的姿態留存至今。

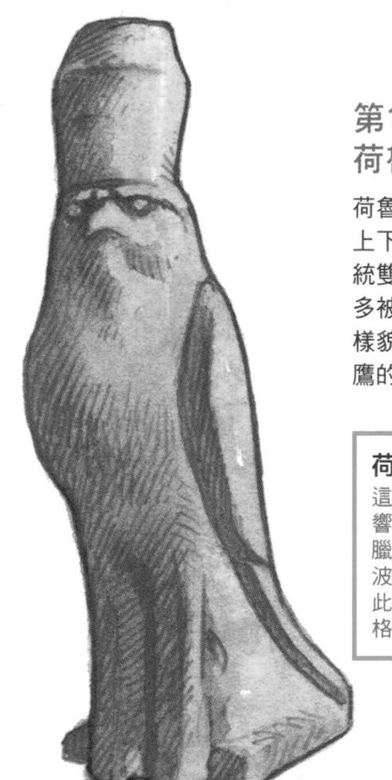

### 第1立柱廳前的荷魯斯神像

荷魯斯神像戴著象徵上下埃及統治者的傳統雙冠。荷魯斯神大多被畫成鷹首人身的樣貌，不過這裡以老鷹的姿態呈現。

**荷魯斯與阿波羅**

這時期受到羅馬統治的影響，荷魯斯神被視為與希臘羅馬神話中的太陽神阿波羅相同的存在。因此，此處又名阿波羅波利斯馬格納。

# 保存狀態良好的托勒密王朝神廟

位於尼羅河西岸的荷魯斯神廟，雖然臨河而建，不過由於位居高處因此沒有淹水的危險。完整保留下了浮雕等裝飾，時至今日仍保留著與過往近乎相同的狀態。

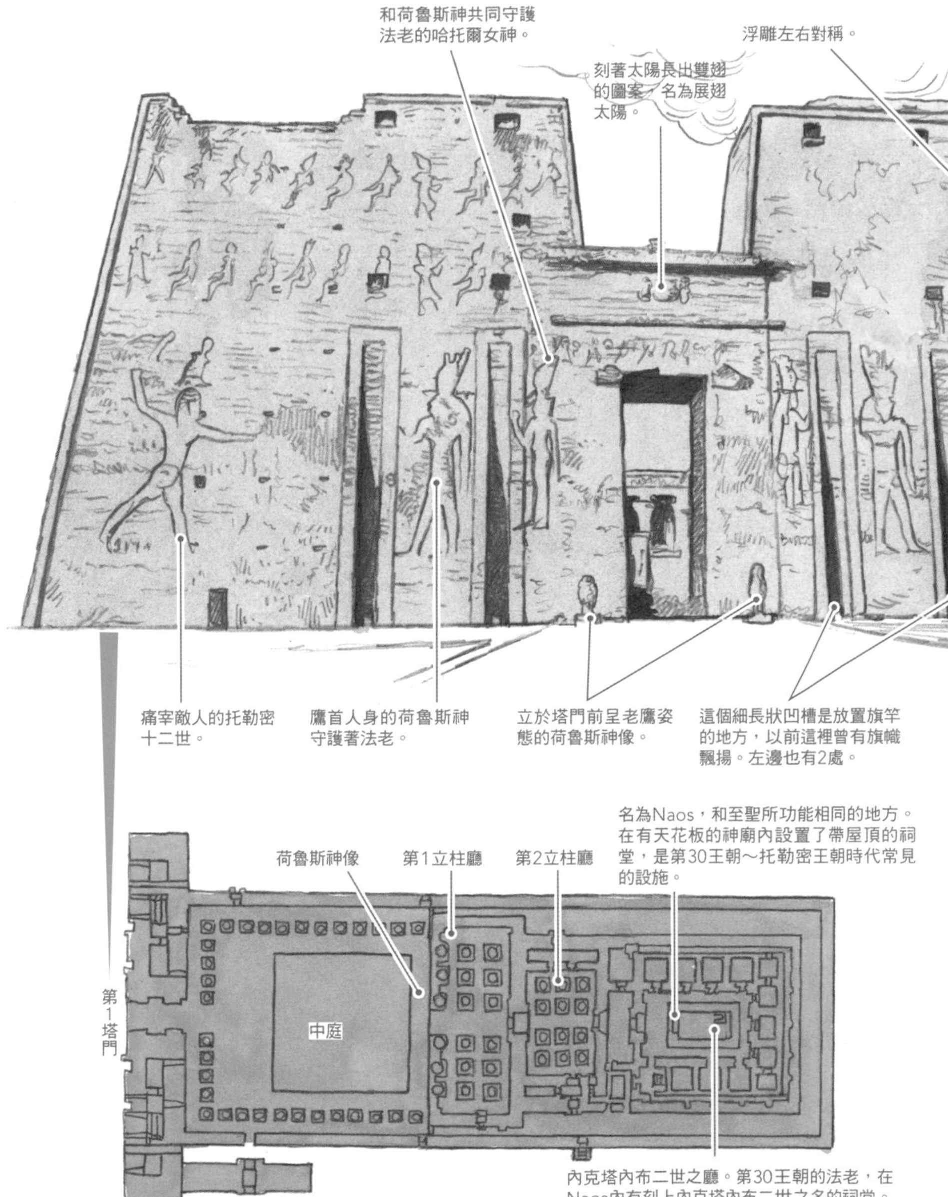

和荷魯斯神共同守護法老的哈托爾女神。
浮雕左右對稱。
刻著太陽長出雙翅的圖案，名為展翅太陽。
痛宰敵人的托勒密十二世。
鷹首人身的荷魯斯神守護著法老。
立於塔門前呈老鷹姿態的荷魯斯神像。
這個細長狀凹槽是放置旗竿的地方，以前這裡曾有旗幟飄揚。左邊也有2處。
名為Naos，和至聖所功能相同的地方。在有天花板的神廟內設置了帶屋頂的祠堂，是第30王朝～托勒密王朝時代常見的設施。
荷魯斯神像
第1立柱廳
第2立柱廳
第1塔門
中庭
內克塔內布二世之廳。第30王朝的法老，在Naos內有刻上內克塔內布二世之名的祠堂。

# 菲萊島與伊西斯神廟

## 充滿神祕魅力的「尼羅河珍珠」

漂

浮在尼羅河上的菲萊島，有大半的占地都是宗教設施。美麗的神祕小島綠意盎然，曾有「尼羅河珍珠」之美名。島上的中心建築伊西斯神廟，由2座塔門、接生房、立柱廳及正殿組成。除此之外，島上還建置了哈托爾神廟、被神格化的左塞爾宰相印和闐的神廟等。但是20世紀初興建亞斯文水壩後造成尼羅河水位上升，因為菲萊島遭水淹沒，於是便解體各個神廟，移建到西北方的Agilkia島。

島上現存最古老的遺址為第30王朝內克塔內布一世所建，之後到了托勒密王朝開始增建以伊西斯神廟為首的建築群。而成為羅馬屬地後，由於羅馬也很敬奉伊西斯女神，因此羅馬皇帝也修建了神廟。羅馬人很尊重埃及原本的文化與信仰，並沒有進行迫害。

伊西斯女神

### 建於小島上的伊西斯神廟

伊西斯神廟是菲萊島上最重要的建築。伊西斯女神是歐西里斯神的妻子，也是荷魯斯神的母親，對埃及人而言是相當重要的神明。菲萊島即為伊西斯女神的聖地，據說伊西斯女神就是在這座菲萊島生下了荷魯斯神。托勒密王朝時代，此地成為主要的信仰中心之一，曾相當繁榮，現存的伊西斯神廟設施幾乎都是在這個時代完工的。

圖拉真皇帝的涼亭

## 埃及與羅馬的融合

埃及歸羅馬管轄後，由圖拉真皇帝興建的涼亭。涼亭屬於休憩場所，是為了在舉行儀式時讓伊西斯女神休息用的，由14根柱子構成。涼亭建於尼羅河畔，從船上眺望也很漂亮。

**哈托爾神廟**
立有以樂器為題的雕像，樂器上刻著哈托爾女神的頭部。建於托勒密四世時期。

**戴克里先之門**
這座莊嚴威武的石門，是以尊崇皇帝和迫害基督徒聞名的羅馬皇帝戴克里先建造的。

**奧古斯都的小神廟**
埃及滅亡後，首任皇帝奧古斯都為了展示羅馬威權而建。

**伊西斯神廟**
神廟正殿前方是裝飾精美的立柱廳。在正殿內部牆上可以看到不少伊西斯女神餵哺荷魯斯神的浮雕。

**第２塔門**

**第1塔門**
刻著彰顯王權的經典浮雕——托勒密十二世痛打敵人的畫面。

**接生房**
接生托勒密八世的房間。接生房是附設於神廟的祠堂。

**立柱廊**
由羅馬皇帝奧古斯都和提貝里烏斯所建。

COLUMN 古埃及學的功臣④

# 皮特里

W・M・Flinders Petrie
（1853～1942年）

## 影響日本考古學的「埃及考古學之父」

英國籍考古學者，被譽為「埃及考古學之父」。在1880年首度對吉薩的古夫大金字塔進行科學性測量及調查。之後，在埃及各地從事各種遺址的挖掘調查。

皮特里在上埃及的Coptos遺址進行挖掘調查時，將遺址附近的Qift村村民組織成專業挖掘隊「Quft」，和他們一起到各地考古發掘。Quft（當地稱為Guft）直到最近幾年都是埃及挖掘調查的主要專業團隊。另外，皮特里更是在挖掘先王朝時代的遺跡時，研究出依陶器分類的時間定序法（S.D.法），確定埃及先王朝時期的相對年代序列。

濱田耕作曾經介紹過這個方法為有效數字年代法。濱田先生在京都帝國大學創設了考古學研究室，並到歐洲學習過近代考古學。他深受倫敦大學皮特里的影響，回國之後也繼續支援皮特里的發掘調查，因此目前在京都大學綜合博物館內，還收藏展示著皮特里寄贈的埃及古文物。

皮特里在埃及全國從事挖掘調查。阿拜多斯出土的古夫象牙雕像便是皮特里發現的古物。雖然出土時缺少頭部，但後來有尋獲並接合上。這座雕像完工於末期王朝時代，並非古夫的統治時期。

皮特里率先測量出吉薩大金字塔的正確數值。以大金字塔的測量調查為契機，他在埃及各地進行調查，奠定埃及考古學之基礎。

# 第5章

# 古埃及人的生活

# 與尼羅河共生 由3個季節組成的埃及

## 尼羅河氾濫與一年的生活型態

埃及人的生活型態是配合尼羅河的氾濫週期而定。將尼羅河開始漲潮定為一年的起始，分成氾濫時期的氾濫季（Akhet）、河水退潮露出肥沃土地的生長季（Peret）以及水位降到最低、作物收成的收穫季（Shemu）。

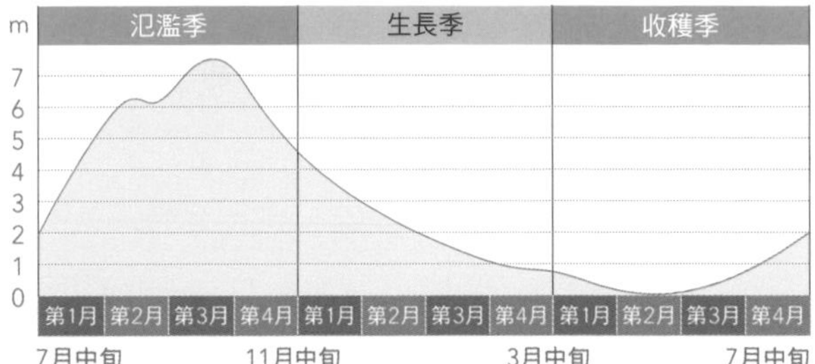


**氾濫季**
7月中旬開始進入氾濫時期，這時會讓農作物休耕，增建河川堤防與蓄水池並以捕獵維生。也是金字塔或祭廟等國家建設的動工時期。

**生長季**
11月中旬到3月河水退去，形成土壤肥沃的農地。在農地尚未乾枯前耕地播種。

**收穫季**
3月中旬到7月中旬的水位最低。此時葡萄和穀物陸續成熟，全家出動趕在下次氾濫前採收。

妻子埃尼菲爾蒂也幫忙採收。
森內狄恩在雅盧平原收割小麥。
正在割亞麻的森內狄恩。

### 收穫季情景

下圖是圖特摩斯四世的書記官Menna的墓牆上的農耕壁畫。左圖是拉美西斯二世時代的墓地工頭森內狄恩墓裡的部分壁畫。森內狄恩的壁畫描繪森內狄恩在死後世界「雅盧平原」從事農耕的情景。

收集割下的麥穗送到倉庫。

## 生長季情景

第5王朝高官Ti的墓地浮雕上刻畫著日常生活。

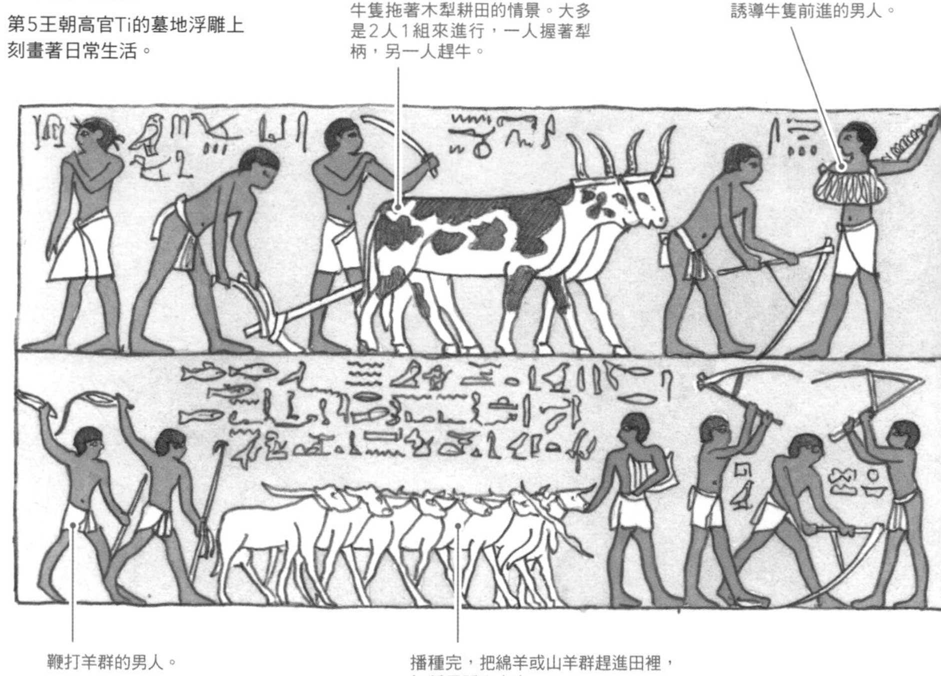

牛隻拖著木犁耕田的情景。大多是2人1組來進行，一人握著犁柄，另一人趕牛。

誘導牛隻前進的男人。

鞭打羊群的男人。

播種完，把綿羊或山羊群趕進田裡，把種子踩入土中。

希臘的歷史學家西羅多德的名言「埃及是尼羅河的恩賜」，其實是在描述因尼羅河的堆積作用，而使尼羅河三角洲變成廣袤的土地。

從上空俯瞰埃及的話，可以看到尼羅河的東西岸是黑土，外圍是廣闊的紅土沙漠。這些黑土是提供養分給植物的肥沃土壤，人們便認為「黑色是生命的國度，紅色是死亡的國度」。

尼羅河的水位每年會上升一次造成氾濫。氾濫的河水從上游帶來富含有機物的土壤，堆積成流域的土地。一旦退潮，就形成了不施肥也相當肥沃的耕地。拜這種自然環境所賜，埃及成為了農業發達、物產豐饒的國家。

古埃及人認為一年分成3季，即因尼羅河氾濫的休耕期、退潮時的播種期及收成時期。收割結束的時候尼羅河便會重新開始漲潮。參考尼羅河的氾濫週期，可推斷古埃及人認為4個月為一季（120天），一年為360天。目前我們所使用的曆法，基本上就是在這個埃及曆上加上閏年的產物。

# 古埃及的社會結構

## 以法老為頂端的金字塔社會

埃及受惠於肥沃的土壤，幾乎所有的國民都在務農，但是，若說他們的生活輕鬆愉快，卻絕對不是這樣。古埃及完全是金字塔結構的社會。頂端是握有絕對權力的法老，底下有執掌行政或軍事大權的官僚、祭司等，這些權力全都被皇室或高級官員獨占。

農民雖然是支撐起金字塔型國家的基礎，但埃及的國土全都屬於法老所有，因此農民沒有農作物的支配權，必須先繳納給國家或神廟，納稅後剩餘的作物才會分配給他們。農民被迫辛苦地工作，付不出應收稅款還要受罰，雖然這樣的社會制度會讓人覺得對農民而言相當不合理，但卻一直持續到王朝結束。

### 由徵稅和返還組成的社會

自古王國時代起農業歸國家管轄，書記官會詳細記錄耕地的面積與收成量，進行徵稅。確實訂立下來的納稅系統能充盈國庫，保障了國民的生活。

Menna的墓地浮雕刻畫丈量時的情景。

丈量土地以制定公平的納稅額。使用名為結繩的繩子進行測量。

# 新王國時代的社會組織

新王國時代由官僚體系掌控大權，各部門劃分清楚。雖然法老的地位不變，但底下設有宰相，再細分成各單位。

**法老**

**阿蒙霍特普三世**（法老）

法老位居社會組織的頂端。雖然握有所有行政決定權，但實際上由官僚代理。

**哈普之子 阿蒙霍特普**（宰相）

採雙宰相制，北部孟菲斯和南部底比斯各設有1位宰相。

**南北宰相**

**王朝**

- 王后們
- 王子、公主們
- 皇親國戚

**泰伊**（王后）

法老的家人。法老的後宮存在多位妻子與兒女。但原則上只設1位正室王后。

**外國**

- 北方總督（外國領土管理者）
- 南方總督（庫施）

採取讓各國首領的兒子（繼承人）接受埃及式教育再送回母國，藉以鞏固統御能力的政策。

**國內政府**

**宮廷**

- 大臣
- 隨從
- 總管
- 公務員

委任大臣、隨從或總管，管理法老龐大的宮廷機構。

**宗教**

- 南北總祭司
- 阿蒙神大祭司
- 普塔神大祭司
- 其他眾神的大祭司

代替法老侍奉眾神的人們。最上方是所有神祇的總祭司，底下設有各神的大祭司。

**軍事**

- 最高司令官
- 南北部隊的副長官
- 將軍

最高司令官之下是分設於南北的副司令，底下再分派將軍。每次遠征時都會從埃及全國徵召士兵。

**國政**

- 寶庫長
- 穀倉長
- 家畜長
- 各州首長或市長
- 公務員

集中了國家的重要職位，如監督財政的寶庫長、管理稅收的穀倉長、管理家畜的家畜長等。

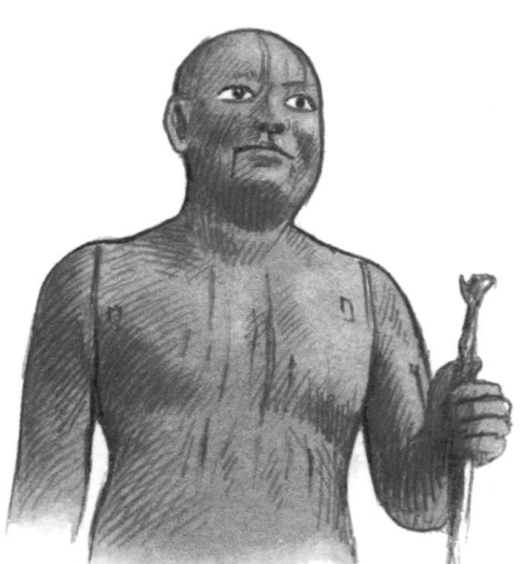

## 為法老服務的公務員

法老高居國家的最頂端，當然是各個部門的領導者，但法老一個人不可能掌控所有的政事，所以會任命公務員代行各項行政要職，形成了存在眾多高級公務員的官僚社會。公務員的上司是宰相。左圖是知名的第5王朝「村長像」──為朗誦總祭司卡別爾的木雕。他是地位崇高的祭司。

# 各種職業

## 以書記官為首的多項專職

坩堝是寬口圓盤，會架在交叉的棒子上加熱。

使用風箱加大火力。新王國時代以後才出現腳踏式的風箱。在這之前都用吹管，所以雖然很花勞力卻無法提升火力。

### 「書記官」是令人嚮往的職業

書記官能讀寫文字，是古埃及社會的菁英分子。據說還有傳授要領培養書記官的學校。

### 曾是古埃及人討厭的職業

雖然隨著時代演進也有職業軍人，但遠征時還是得徵召士兵入伍。每年舉辦的祭典活動中都會有士兵的遊行隊伍。

行進中的士兵

吹喇叭的人

## 眾多活躍的工匠

古埃及人為了製作雕像或祭祀用品，冶煉或金屬加工等冶金業相當進步。礦工採到礦後交給鐵匠們進行有效率的加工。新王國時代的宰相Rekhmire的墓地浮雕上，刻著要獻給阿蒙神廟的青銅門製作畫面。

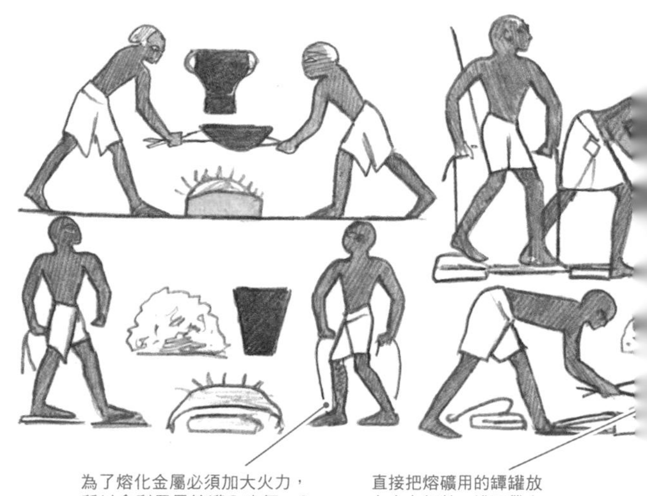

為了熔化金屬必須加大火力，所以會利用風箱灌入空氣。2人1組交替踩踏風箱。

直接把熔礦用的罈罐放在火上加熱。罐口帶有壺嘴。

新王國時代以後，農耕技術日漸進步，例如引進了水車等等，開始有愈來愈多人從事務農以外的工作。平民的職業除了農夫以外，以書記官、工匠或礦工為主。

書記官是能夠躍升高官的職業，原則上由貴族子弟擔任。但是，只要有能力的話任何人都能入行，是平民們最嚮往的職業。

礦工從事挖掘石頭、礦物或金屬的工作。在經常打造各種紀念碑、雕像或服飾裝飾品的古埃及，很需要這些確保原料來源的礦工或切石工人，據說當時經常會出動萬人規模的採礦遠征隊。

然後是各領域的工匠。有石匠、陶匠、木匠、織布匠、金屬加工匠等。這些工匠受雇於王宮或神廟的工作室，從實習生開始做起。另外，女性的話可以當烘焙師、家用清潔人員，或是為上流社會的貴婦服務的美容師及佣人等。佣人可以自己挑選雇主。在埃及沒有奴隸，只有戰犯奴隸。

# 休閒娛樂活動

## 法老與平民的愛好

古埃及沒有公共娛樂設施，但他們並非沒有娛樂活動。古埃及經常會舉辦各種以上流社會為主的休閒活動。

例如宮廷中經常會舉行宴會，法老會藉此享用美食及欣賞音樂，還會聆聽「說書人」編撰的故事。另外，在進行王位更新的賽德節，可以看到法老為了展現強健的體魄在既定路線上跑步的英姿。在王朝時代為了彰顯自身的武力也會積極舉辦狩獵或運動比賽，如箭術或馬術，而上流人士尤其喜歡打獵及釣魚。

另一方面，平民就算整日埋首於工作，太陽下山後就會以體育競賽、運動、舞蹈或音樂為消遣。運動方面因為靠近尼羅河，所以釣魚備受歡迎。當時還有摔跤等競賽。室內娛樂則自古以來就以桌遊為主。

### 受歡迎的打獵與釣魚

以前賴以為生的漁獵活動，後來則成為運動娛樂項目。貴族的壁畫上經常出現狩獵的畫面。

描繪右手抓住3隻白鷺的樣子。
阿蒙霍特普三世時期，尼巴蒙和家人享受打獵樂趣的畫面。
拿著獵鳥時常用的投棍。
從旁觀看尼巴蒙打獵的妻子與女兒。妻子手上拿著花束。
在池裡游動的魚隻。用魚叉或網子捕魚。

# 各式桌遊盛行

古埃及桌遊當中，以名為「塞尼特遊戲」類似西洋棋的遊戲最有名。應該還有其他各種遊戲，考古學家曾在神廟或墓地發現不同種的桌遊用品。

塞尼特的棋盤與棋子。

## 最受歡迎的「塞尼特遊戲」

在每排10格共3排的棋盤上下棋的遊戲。從陵墓陪葬品中發現了棋盤和棋子，由此可知法老也很愛玩這種遊戲。使用大小形狀相異的棋子代表敵我雙方，可說是現今桌遊西洋棋的原型。

## 使用犬首棒的遊戲

中王國時代玩的遊戲。不清楚遊戲規則，只看得出會使用獵犬或胡狼頭部造型的特殊細棒。

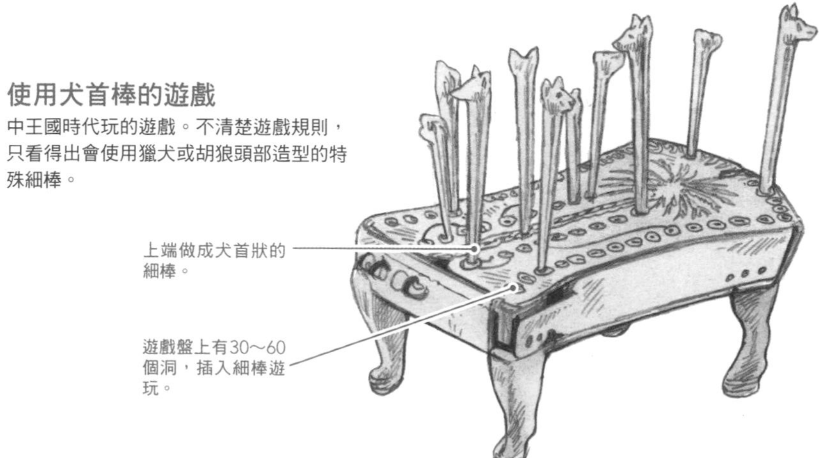

上端做成犬首狀的細棒。
遊戲盤上有30～60個洞，插入細棒遊玩。

# 注重時尚 古埃及人的儀容

古埃及人相當重視儀容外表，據推測這和他們的生活環境有關。他們大多在潛藏著傳染病菌的河川或沼澤地工作，經常汗流浹背，或許是因此而意識到保持皮膚清潔的重要性。另外，似乎也有宗教涵義在內。

法老的一天從沐浴清潔身體開始。就算是平民也每天都會洗一次澡，有宗教儀式時更要沐浴多次。他們會定期在肌膚上抹油（動物性脂肪或植物油）預防肌膚乾燥，也會依喜好添加香料混合成香油使用。

古埃及人的衣服材質是透氣的亞麻。皇室貴族出現在眾人面前或是宗教儀式上時會戴著假髮。另外，日常使用的眼影是具有殺菌效果或防蠅特性的顏料，據說有保護眼睛的效果。

## 女性們的化妝內容

除了添加顏料的眼影外，還會用紅色染料染指甲、腳底與頭髮。據說古王國時代就會進行美甲或修剪腳趾甲的保養。

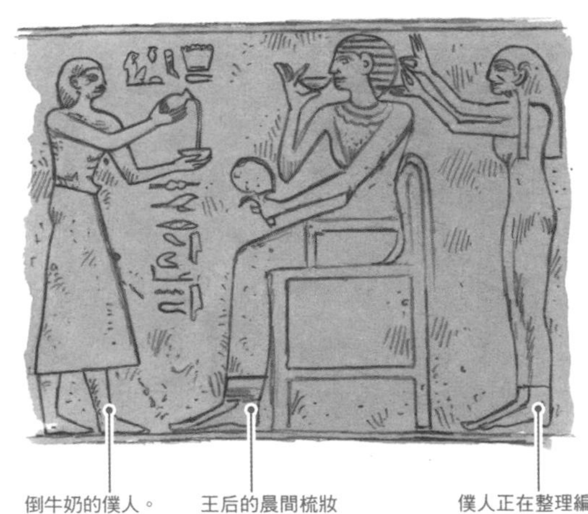

倒牛奶的僕人。

王后的晨間梳妝圖。拿著鏡子邊喝牛奶邊梳妝。

僕人正在整理編成好幾股辮子的假髮。

古埃及的女性們會在眉毛、眼睫毛及眼皮上化濃妝。用細小的棒子或湯匙沾取名為Kohl的顏料塗抹。

# 古埃及的流行服飾

常流汗的埃及人喜歡輕盈且透氣良好的服裝。質料以亞麻布為主，亞麻布也有分等級。王公貴族會在身上配戴各種飾品，名為Sem神官的祭司則會在肩上披著豹皮。

**謎樣的圓錐形物體**

圓錐狀的香料軟膏。會在走動時散發出香氣。

**男性基本上只纏腰布**

自先王朝時代起男性基本上只穿短腰裙（kilt）。腰裙有好幾種造型，自中王國時代開始穿著前面有塊三角布的特色腰裙，到了新王國時代會在腰裙外加上襯衫或長袍之類的外衣。

**女性流行穿白洋裝**

幾乎每位女性都穿白色連身長裙。到了新王國時代服裝樣式變得更多樣，會在寬鬆的長袍外做多層次的穿搭，或在胸前打結裝飾等等。圖中的女性穿著上衣有皺褶、綴著流蘇飾品的白色長洋裝，底下是質料透明的長袍。

**材質各異的拖鞋**

古埃及人習慣穿拖鞋。會用木皮或動物皮等各種質料來製作。

**耳環**

舞孃與女樂師。新王國時代從外國傳入耳環。

**頭帶**

上流人士的頭帶有鑲嵌寶石的花狀裝飾。身上的裝飾也有守護的意義。

**古王國時代的洋裝**

繫著寬肩帶，質地柔軟的白洋裝。在中王國時代之前是常見的服裝。

# 古埃及人的餐桌

## 均衡的飲食生活

壁畫上的古埃及人，都有苗條健美的好身材。據說他們身體相當健康，即使晝夜溫差大也不會感冒。這可能和古埃及人的飲食習慣有關。

他們一天會在早晚各吃1餐，以麵包為主食，經常搭配洋蔥、大蒜、萵苣、小黃瓜等蔬果，以及少許的魚肉與豆類。由此可以看出他們的食物幾乎不含動物性脂肪等有害身體的成分，是富含維生素和礦物質、營養均衡的健康飲食。

而飲料一般都是喝牛奶。啤酒是工人的員工伙食，不是自己想喝才喝的飲料。

雖然平民的餐點就很充足，但上流社會的人們更能享受到豐富多變的飲食。日常食材有鳥、牛、綿羊、山羊等肉類，也很喜歡加了大量蜂蜜和油烹調的菜餚及高級紅酒。結果和健康的平民相比，反而身材更加肥胖臃腫。

**收穫葡萄**
從尼羅河引水，人工建造葡萄園。

有很多隻野鳥掉進網中被捕獲。男人拉著裝滿野鳥的網子，送去給處理食材的男人們。

# 豐富的飲食生活

紅酒只要有葡萄就能夠輕鬆釀造，但埃及的土壤不適合種葡萄，只能在人工改良過的環境栽種葡萄，所以紅酒產量稀少，算是貴重物品。

## 紅酒是高級品

埃及的紅酒產地以三角洲地帶及綠洲區最有名。也會從敘利亞、巴勒斯坦進口。因此紅酒是貴重物品。

## 釀製紅酒的流程

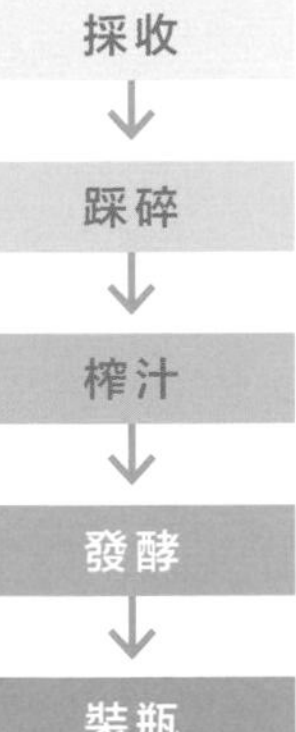


烤麵包的樣子。取出甕中的麵團塞滿烤盤。

**踩葡萄**
赤腳踩踏摘下來的葡萄，榨出果汁的工作。作業時會拉住繩索避免重心不穩滑倒。

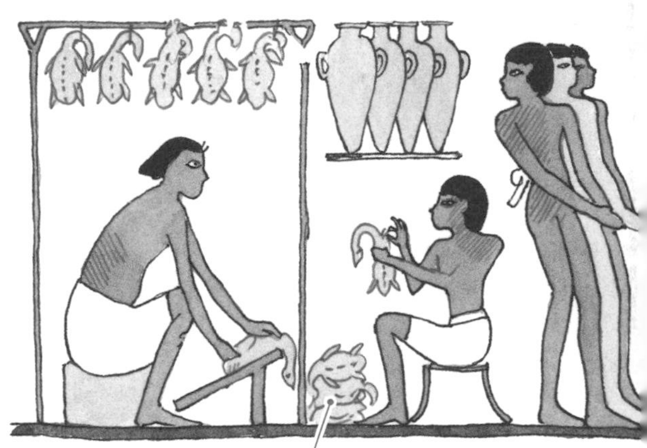

**處理鳥肉的人們**
平民的餐桌上幾乎不會出現肉類，不過偶爾能吃到野雁或鴨子等野鳥肉。對平民而言是珍貴的蛋白質來源。

## 主食是麵包

無論窮人或富人都以麵包為主食。新王國時代以後出現了專業的麵包師傅，在這之前家家戶戶都是自己每天磨小麥製粉、揉麵團及烤麵包。據說麵包種類超過40種。

# 聖書體的念法

## 因為難懂而被遺忘的最大遺產

在古埃及留下的文化遺產中，有以金字塔為首的眾多雄偉建築，不過古埃及留給後世最珍貴的文化，當屬文字吧。我們可以從留存於各地的文字當中，得知古埃及人的想法與生活等文明的本質。

但是我們花費了數個世紀才理解這些文字。古埃及使用的文字聖書體（Hieroglyph）屬於意音文字，由大約800個字組成。儘管是早期形成的文字，卻沒有被其他任何文明採用，也沒有留下之後入侵埃及的希臘人或羅馬人學習過聖書體的紀錄，從這個事實可以看出其特殊性。

古埃及文字的本質和日本漢字相同，是日本人容易理解的文字。

### 古埃及語的種類

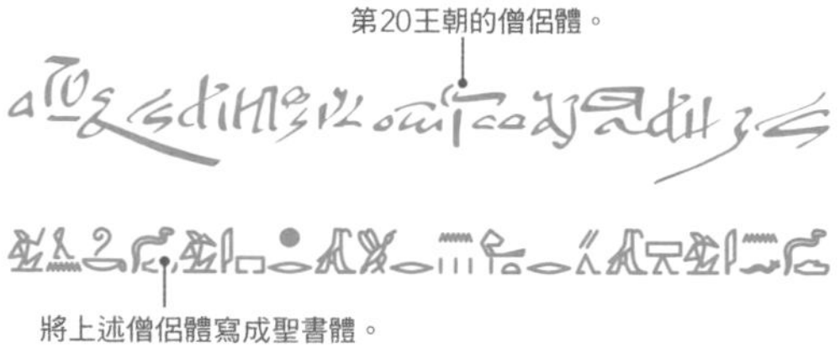

第20王朝的僧侶體。

將上述僧侶體寫成聖書體。

**僧侶體**（Hieratic）
祭司文字。是聖書體的手寫文字，主要用於行政或宗教等書記官所寫的文件。

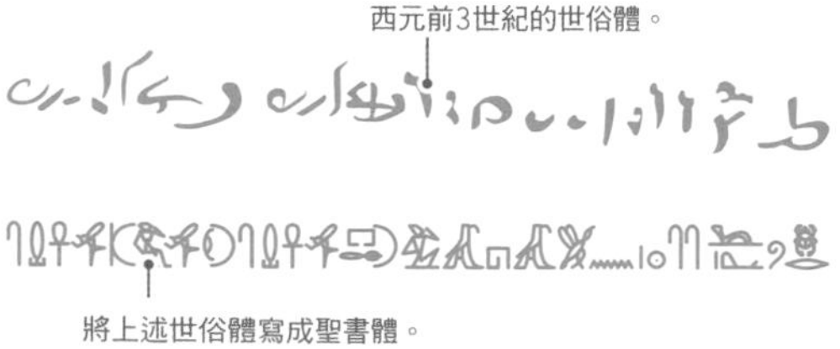

西元前3世紀的世俗體。

將上述世俗體寫成聖書體。

**世俗體**（Dometic）
民間文字。是僧侶體簡化後的文字。是民眾常用的主要文字。

# 由24個字母組成

聖書體將24個文字當成標準字母使用。

| 意思 | 讀音 | 聖書體 | 意思 | 讀音 | 聖書體 |
|---|---|---|---|---|---|
| 胎盤（？） | kh（ḫ） |  | 埃及禿鷹 | a（ꜣ） |  |
| 雌性動物的腹部和尾巴 | kh（ẖ） |  | 蘆葦穗 | i（i） |  |
| 門閂 | s（s） |  | 手臂 | a（ꜥ） |  |
| 摺疊的布 | s（s） |  | 小鵪鶉 | w（w） |  |
| 水池 | sh（š） |  | 腳 | b（b） |  |
| 山丘斜坡 | q（q） | 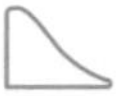 | 無靠背的凳子 | p（p） |  |
| 帶柄竹籃 | k（k） |  | 有角毒蛇 | f（f） |  |
| 瓶架 | g（g） | | 貓頭鷹 | m（m） |  |
| 麵包 | t（t） |  | 水、漣漪 | n（n） |  |
| 牽繩（牽動物的繩子） | ch（ṯ） |  | 嘴 | r（r） |  |
| 手 | d（d） |  | 圍牆、中庭 | h（h） |  |
| 蛇 | j（ḏ） |  | 繩索（亞麻） | h（ḥ） |  |

## 壁畫的規則與畫法

古埃及的壁畫不是將物體自然的模樣寫生下來，而是遵照既定的規則作畫。畫人物的站姿圖時，要先畫出方格作為基準線。到第三中間時期為止，都是以下圖為標準。但是自第26王朝起受到希臘的影響，開始改變構圖比例。

規定腳長3格、地面到膝蓋6格、到肚臍12格、到太陽穴18格。

方格大小依繪製圖像的大小而異，可以自行更改。

關於身體方向，原則上是頭、臉、手腳及上半身朝向側面，眼睛、肩膀及下半身朝向正面。

**在牆上畫基準線** → **描輪廓** → **刻上圖案或文字** → **上色**

在牆上畫基準線：畫方格當作基準線。有時會省略基準線直接畫圖。

描輪廓：用紅色墨汁畫出輪廓線後，再重新以黑色墨汁謄描，同時檢查畫面。

刻上圖案或文字：有刮除底稿周邊、凸出線條的陽雕法，或是直接刮除底稿線條的陰雕法。

上色：用畫具上色。顏色帶有涵義，上什麼顏色也有規定。

# 人物的大小別具涵義

在既定的藝術手法中，繪製的人物大小也另有涵義。人物大小指的不是遠近法，而是重要人物要畫得愈大愈好。多半是以放大法老或身邊的妻子，縮小子女或奴僕等方式呈現。這也代表社會或家庭的上下關係。

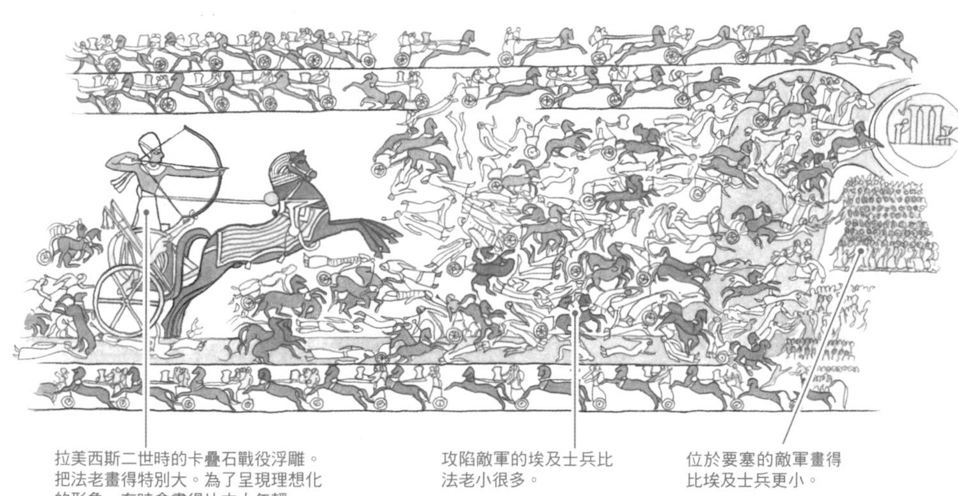

拉美西斯二世時的卡疊石戰役浮雕。把法老畫得特別大。為了呈現理想化的形象，有時會畫得比本人年輕。

攻陷敵軍的埃及士兵比法老小很多。

位於要塞的敵軍畫得比埃及士兵更小。

古埃及的壁畫或繪圖極具特色，任何人看到都會知道這是古埃及的文物。之所以會這樣，和古埃及規定嚴謹的美術呈現手法有關。

壁畫裡的人像，無論是站姿或坐姿都要使用基準線，按照規定的比例描繪。另外，身體的方向採用最能彰顯「埃及寫實主義」特色的姿勢，即同時以正面和側面表現臉部及身體。也就是說，遵循規定繪製的形象是最理想的形象，正因為古埃及人深信死後可以復活重生，為了來世也能擁有理想的體態，才會採取這種標準化的呈現手法。上色時使用的顏料由各種礦物製作而成，特色是不易褪色。白色是石灰、紅色是氧化鐵、藍色是青金石粉末，不過後來改用人工製成的顏料埃及藍。礦物顏料多半使用單色，不會將顏色混合在一起。

埃及的壁畫因為氣候乾燥，多數都保存良好。拜氣候所賜直到今天我們還能接觸到古埃及人的真實樣貌（雖然有些經過渲染）。

# 用語解說

## 1～5畫

### Cartonnage

用灰泥固定的亞麻布或莎草紙材料。第三中間時期以後，用來製作放置木乃伊的人形棺或木乃伊面具等。Cartonnage棺木表面有記錄死者稱號或名字的銘文、摘錄自「死者之書」的文章或插圖及宗教性圖畫。

### 尼羅河水量儀

為了測量尼羅河水位而設。置於尼羅河的沙洲、岸邊及神廟內部。尼羅河在夏季時氾濫，從上游帶來了肥沃的土壤。只要測量尼羅河的水位，便可正確預測該年的漲潮期及規模，具有相當重要的意義。

### 瓦吉特之眼（Wedjat）

代表健全的荷魯斯（鷹）之眼。象徵幸福、繁榮、守護，用在護身符或飾品上。因為有癒合傷口的功能，所以摘除遺體內臟後，會在傷口縫合處放置畫有瓦吉特之眼的金屬片。

### 瓦斯神杖（Was Scepter）

在古埃及文中是「控制」的意思。上半部用動物的頭裝飾，下半部尖端分岔。法老或眾神手持的神杖，象徵統治力或權力。

### 生命之符（Ankh）

在古埃及文中是「生命」的意思。在T字上畫個圓圈的符號。原本用來表示拖鞋的細繩。經常出現在護身符或神廟浮雕的裝飾上。

## 6～10畫

### 地窖（Serdab）

古王國時代安置死者雕像的房間。泛指設於住處地下的儲藏室或房間，後來成為阿拉伯文中的地窖之意。

### 來世（Amduat）之書

埃及文「冥界萬物」之意的喪葬文獻。描述太陽神坐船從西邊下沉，隔天早上從東邊升起，夜航12小時的旅程。畫在新王國第18王朝時代的陵寢墓室牆壁上，還有插圖。圖特摩斯三世和阿蒙霍特普二世的版本保存得很完整。

### 金字塔銘文

古王國時代的喪葬文獻。為了讓過世的法老復活並得到永生，彙編在葬禮或祭奠儀式上誦讀的咒語經文。現存最古老的銘文刻在古王國第5王朝最後一任法老烏尼斯的金字塔內。直到第8王朝的伊比王為止，共有9座法老及王后的金字塔內部刻有銘文。

### 度量衡

長度單位的部分，Cubit為肘部到指尖的長度，Palm為拇指以外的4指合併寬度，Digit則是單指的寬度。1 Cubit是52.5㎝，7 Palm。1 Palm是4 Digit。100 Cubit是1 Rod。面積單位的部分，1平方Rod（單邊為100 Cubit的正方形）為1 Setat，約2/3英畝寬。重量單位的部分，使用名為Deben的單位，1 Deben約是91g，1/10 Deben稱作Kedet。

### 急流

泛指尼羅河上游因岩石露出水面難以通過的場所。亞斯文南部的第1急流位於埃及與努比亞交界處。直到蘇丹北部共有6個急流。

### 庫施（Kush）

埃及南部、蘇丹北部的尼羅河第2急流以南的地區名稱。遭到埃及新王國第18王朝入侵，成為屬地。後來建立了庫施王國，並在西元前8世紀左右攻入埃及成立第25王朝，短暫統治埃及全境。

### 紙莎草

在古代，紙莎草原產於包括埃及在內的尼羅河流域，也是象徵北方的下埃及（三角洲地帶）的植物。紙莎草為古代的造紙原料，削下紙莎草的莖切成薄片，再把薄片垂直疊放並貼緊，以重物壓制乾燥後，拋光磨成紙張。有長達40m的莎草紙出土。

### 馬斯塔巴墓

馬斯塔巴一語源自阿拉伯文板凳的意思。興建於初期王朝時代到古王國時代，是上部結構剖面呈梯形的墳墓。起初使用日曬土磚建造，後來以切石堆砌成的石墓較為常見。

## 11～15畫

### 假門

泛指古王國時代墓地前的墓碑狀設施。原型是石造壁龕，後來發展成假門的形式。假門被視為連接今生與來世死後世界的介面。假門前設有供桌。死者的靈魂（巴）可從此門進出。

**假鬍鬚**

在古埃及，只有男神和法老的下巴長有鬍鬚，不過法老會在耳朵繫繩戴上專屬的假鬍鬚。此為法老的標準配備，象徵法老握有的權力與名為「善神」的神姿。

**彩陶（Faience）**

石英粉加玻璃釉的燒製品。因為含有銅，所以呈現鮮豔的藍色。可以製成珠飾、護身符或小型容器。燒製溫度約為９５０度。

**曼涅托**

西元前3世紀托勒密王朝初期的埃及祭司及歷史學家。他用希臘文撰寫的《埃及史》原書已經失傳，後世只留下數本手抄本。曼涅托把埃及分成31個王朝，從第1王朝的首任法老美尼斯到第31王朝的大流士，古埃及研究學者至今仍沿用這種王朝分期法。

**陶片（Ostrakon）**

泛指刻有文字或圖形的石灰岩碎片或陶片。複數形是ostraka。用來書寫圖形或壁畫草稿、習作、文學作品或收據等。

**傑德柱（Djed Pillar）**

帶有穩定永恆的意義。也被視為歐西里斯神的脊椎。在慶祝法老登基30年的「王位更新節」上，會進行豎立傑德柱的儀式。也用作保護死者的護身符。

**提耶特（Tyet）**

用作護身符，象徵伊西斯女神的守護。又名「伊西斯女神結」，以伊西斯女神的腰帶繩結為符號。多用紅玉髓或紅色玻璃製作，古埃及人認為這代表「伊西斯女神之血」，擁有強大的法力。

**棺材銘文（Coffin Texts）**

第一中間時期與中王國時代的喪葬文獻。因為寫在放置遺體的棺木上，便以此為名。是介於古王國時代刻在金字塔內部的「金字塔銘文」，與第二中間時期、新王國時代以後普及的「死者之書」之間的重要橋樑。在認識當時古埃及人的生死觀方面也是珍貴的文獻。

**象形繭（Cartouche）**

圈起王銜的橢圓形王名框，象形繭裡記錄的是登基名及出生名。古埃及語稱之為shenu。雖然是為了無限延續法老的統治權而在圓形框內寫入王銜，不過卻因為王銜而使圓圈擴大變成橢圓形。

**塞拉赫（Serekh）**

自初期王朝時代（第0王朝）起用來書寫法老荷魯斯名的王名框。設計模仿宮殿正面，在方框頂端畫有獵鷹荷魯斯神，代表荷魯斯名。第2王朝的法老伯里布森的塞拉赫頂端畫的不是荷魯斯神，而是塞特神，並使用塞特名。

**聖蛇烏賴烏斯（Uraeus）**

「Uraeus」是拉丁文。為眼鏡蛇昂首的姿勢。聖蛇象徵王權，除了鑲嵌在王冠或法老頭巾的前額外，也會用來裝飾法老的靈柩。

**睡蓮**

相較於北部下埃及的紙莎草，代表南部上埃及的植物為睡蓮。睡蓮在傍晚時閉合，在日出時迎著朝陽盛開，以此象徵重生，有很多工藝品或建築裝飾的圖騰都採用睡蓮的側面造型。在創世神話中睡蓮也被視為孕育出太陽的花朵。

**調色板（化妝板）**

研磨眼影的原料孔雀石或方鉛礦等的石板，大多用板岩製成（板狀素材）。最早出現於先王朝時代，做成魚、鳥、河馬或鱉等動物造型。也有像初期王朝時代（第0王朝）的那爾邁王調色板般，獻給神廟的大型調色板。

## 16～19畫

**糞金龜（Scarab）**

古埃及文稱為凱普里（Khepri），聖甲蟲（神聖糞金龜）的意思。糞金龜取自學名。糞金龜會把動物的糞便滾成球狀推回巢穴，所以被視為在天空中運送太陽的太陽神。由於在尼羅河氾濫後會最早出現，所以也被當成創世神。有不少聖甲蟲造型的印章、護身符或飾品。

**羅塞塔石碑（Rosetta Stone）**

１７９９年，拿破崙埃及遠征軍在尼羅河口的拉希德（又稱羅塞塔）發現的石碑，上面刻著西元前１９６年托勒密五世頒布的詔書。石碑上同時書寫聖書體、世俗體及古希臘文3種文字。法國埃及學家商博良根據這塊羅塞塔石碑與其他資料，在１８２２年成功破譯出聖書體。

# 參考書目


- Richard H. Wilkinson著、內田杉彥譯（2002）《古埃及神廟大百科》東洋書林
- Richard H. Wilkinson著、內田杉彥譯（2004）《古埃及眾神大百科》東洋書林
- 內田杉彥著（2007）《古埃及入門（岩波Junior新書）》岩波書店
- 近藤二郎著（1992）《50件物品的由來（岩波Junior新書）》岩波書店
- 近藤二郎著（1997）《埃及的考古學》同成社
- 近藤二郎著（2004）《聖書體賞析（集英社新書）》集英社
- 近藤二郎著（2008）《埃及考古學〔改訂版〕》早稻田大學文學學術院
- 月本昭男編《宗教的誕生：宗教的起源・古代宗教》山川出版社
- Ian Shaw、Paul Nicholson、內田杉彥譯（1997）《大英博物館　古埃及百科全書》原書房
- 山勇・屋形禎亮譯（2016）《埃及神話集錦（筑摩學藝文庫）》筑摩書房
- Eugen Strouhal著、內田杉彥譯（1996）《圖解　古埃及生活誌（上、下卷）》原書房
- J. Cerny著、吉成薫・吉成美登里譯（1993）《古埃及的眾神》彌呂久
- 日本東方學會編（2004）《古代東方事典》岩波書店
- George Hart著、鈴木八司譯、近藤二郎監譯（2011）《埃及的眾神（大英博物館雙書IV、古代神祇與國王的小事典2）》學藝書林
- 普魯塔克著、柳沼重剛譯（1996）《埃及伊西斯女神與歐西里斯神的傳說（岩波文庫）》岩波書店
- 希羅多德著、松平千秋譯（1971）《歷史（岩波文庫，共3卷）》岩波書店
- Marcel Maree著、近藤悠子譯、近藤二郎監修（2011）《法老與女王（大英博物館雙書IV、古代神祇與國王的小事典6）》學藝書林
- Jaromir Malek著、近藤二郎譯（2004）《埃及美術（岩波　世界美術）》岩波書店
- Bill Manley著、近藤二郎譯（2014）《聖書體初體驗講座》原書房
- 村治笙子・片岸直美著、仁田三夫攝影（2016）《圖解　埃及「死者之書」（貓頭鷹之書）》河出書房新社
- 吉村作治編著（2005）《認識古埃及事典》東京堂出版
- Mark Lehner、內田杉彥（2001）《圖解　金字塔大百科》東洋書林
- 和田浩一郎（2014）《古埃及埋葬風俗（Poplar新書）》Poplar社

※以上書名皆為暫譯。

# PROFILE

## 作者 近藤二郎

1951年生於東京都杉並區。早稻田大學文學部考古學教授暨埃及學研究所所長。在早稻田大學第一文學部西洋史學系畢業後，進入該所大學研究所的文學研究科攻讀考古學博士，並於課程修業期滿後退學。自1976年起加入早稻田大學的埃及調查隊。1981年10月～1983年9月以文部省亞洲各國等的派遣留學生身分到埃及開羅大學留學。之後，在埃及各地從事古遺址的發掘調查工作。調查、研究埃及新王國時代底比斯西岸的底比斯墓地群的石窟墓穴。專攻埃及學、考古學、古代天文學。
主要著作有《50個物品的由來》（岩波Junior新書）、《古埃及聖書體賞析》（集英社新書）、《埃及的考古學》（同成社）、《埃及考古學》（早稻田大學On Demand出版）、《已知星座的神話起源：埃及尼羅河的星座》、《已知星座的神話起源：古代美索不達米亞的星座》、《星辰命名之由來：誕生於阿拉伯的星星名稱與歷史》（誠文堂新光社）等。並有多部譯作如Nicholas Reeves的《圖解圖坦卡門的黃金面具》（原書房）、Nicholas Reeves／Richard H. Wilkinson《圖解帝王谷百科》（原書房）、Jaromir Malek《埃及美術》（岩波書店）、Bill Manley《聖書體初體驗講座》（原書房）等（以上書名皆為暫譯）。

國家圖書館出版品預行編目(CIP)資料

古埃及解剖圖鑑：法老、陵墓、眾神，從各面向了解古埃及的文化與歷史／近藤二郎著；郭欣惠、高詹燦譯. -- 初版. -- 臺北市：臺灣東販股份有限公司, 2021.05
160面；14.8×21公分
ISBN 978-986-511-763-4（平裝）

1. 古埃及 2.文明史 3.埃及文化

761.3　　110004730



# 古埃及解剖圖鑑

## 法老、陵墓、眾神，從各面向了解古埃及的文化與歷史

2021年5月1日初版第一刷發行
2023年8月1日初版第三刷發行

作　　者　近藤二郎
譯　　者　郭欣惠、高詹燦
編　　輯　邱千容
美術編輯　黃郁琇
發 行 人　若森稔雄
發 行 所　台灣東販股份有限公司
<地址>台北市南京東路4段130號2F-1
<電話>(02)2577-8878
<傳真>(02)2577-8896
<網址>http://www.tohan.com.tw
郵撥帳號　1405049-4
法律顧問　蕭雄淋律師
總 經 銷　聯合發行股份有限公司
<電話>(02)2917-8022



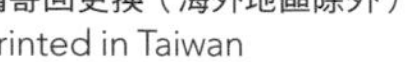